"OUI" ou "NON"

"OUI" ou "NON"

Le guide pour prendre de bonnes décisions

Spencer Johnson

Traduit de l'américain par
Marc-Antoine

mieux-être

Données de catalogage avant publication (Canada)

Johnson, Spencer

Oui ou non

(Mieux-être)
Traduction de : Yes or no

ISBN 2-89077-085-0

1. Décision, Prise de. 2. Succès. I. Titre.
II. Collection.

BF448.J6614 1992   153.8'3   C92-096759-0

Titre original : **Yes or no**
©1992 by Spencer Johnson, M.D.
©1992 les éditions Flammarion ltée
pour la traduction française

ISBN 2-89077-085-0

Dépôt légal : 3ᵉ trimestre 1992

À ma femme, Lesley

✓

Introduction

En 1986, il m'est clairement apparu que bon nombre de nos concitoyens ne prenaient que d'insatisfaisantes décisions. Nous étions en train de perdre notre position prédominante dans le domaine du commerce, nous vivions dans un environnement qui se détériorait chaque jour un peu plus, et le taux de criminalité prenait des proportions inquiétantes. Notre société commençait à subir les ravages de la drogue, du divorce et de l'absence de l'esprit de famille. Que nous l'admettions ou pas, cet état de chose était dû, en grande partie du moins, à l'ensemble des décisions auxquelles nous avions contribué.

Je me demandais alors : «Où en sommes-nous dans nos errances et que faire pour y remédier? Nous est-il possible d'apprendre systématiquement à décider avec justesse et acuité et pouvoir ainsi en tirer le plus grand profit dans notre vie quotidienne et dans notre travail? Et si suffisamment de personnes parmi nous peuvent prendre de bonnes décisions, ne pouvons-nous pas, ensemble, en tirer plus de profit dans nos affaires, dans les relations avec notre communauté et nos familles?»

En nous penchant sur notre vie, nous pouvons déceler, avec le recul, quelques-unes des erreurs commises. Conscient du fait que chacun d'entre nous souhaite commettre le moins d'erreurs possible, j'ai commencé à étudier notre manière de prendre des décisions et j'ai ainsi découvert une évidence : toutes nos décisions erronées sont basées sur les illusions du moment alors que toutes les bonnes sont prises à partir de réalités que nous avons perçues au bon moment.

Après plusieurs années d'études, j'ai enfin découvert ce que vous découvrirez à votre tour, j'en suis sûr, en lisant ce livre : la façon de dire «Oui» à ce qui nous convient et «Non» à ce qui nous déplaît.

Si vous trouvez que cette méthode vous agrée, je souhaite vivement que, grâce à vous, votre entourage sache le découvrir à son tour.

Spencer Johnson

✓

Remerciements

Cet ouvrage représente la compilation de nombreuses observations d'esprits pratiques et de cœurs généreux - certaines émanant de textes écrits il y a fort longtemps, d'autres de conversations récentes. Je tiens ici à remercier toutes les personnes qui furent l'expression de tant de sagesse, et en particulier :

Le docteur DeWitt Baldwin, directeur du *Medical Education Research and Information* à l'*American Medical Association,* pour son discernement sur la réduction du stress par l'honnêteté.

Le docteur Paul Brenner, pour sa foi en l'équilibre entre l'intuitif et le rationnel et sa perception du cycle binaire régissant le corps humain.

Jim Cathcart, pour ses appréciables suggestions.

Les réalisateurs Ray et John Christensen ainsi que Brad Neal, de la *Charthouse International Learning,* sans oublier leur associé, Joel Suzuki, pour leur clarté et leurs talents de narrateurs.

Le docteur Richard Farson et ses collaborateurs du *Western Behavioral Sciences Institute,* pour m'avoir invité à m'associer à leur réseau international d'informatique d'hommes d'affaires et pour leur esprit d'analyse dans la conception de ce livre.

Pour tous les gens talentueux du *HarperCollins Publishers,* pour leur contribution hautement appréciée.

Matthew Juechter, pour m'avoir guidé dans l'application du «oui» ou «non» dans les différents types d'organisations.

Margret McBride de la *McBride Literary Agency,* pour sa vision personnelle et l'aide déterminante apportée à la réalisation de cet ouvrage.

Nevins McBride, pour ses applications pratiques dans le monde des affaires.

Le docteur Carl Rogers, pour m'avoir fait découvrir la sagesse qui réside en chacun d'entre nous.

Marshall Thurber, pour s'être concentré sur une méthode digne de confiance.

Et enfin, le grand nombre d'hommes et de femmes d'affaires et de dirigeants de toutes sortes qui, à partir de leurs propres expériences, m'ont prodigué une foule de suggestions pour prendre de bonnes décisions. La narration de leurs expériences et leurs diverses recommandations furent, en effet, inestimables.

✔

Table des matières

✓
De la confusion à la clarté

Il était une fois un brillant jeune homme qui cherchait la manière de toujours prendre la bonne décision, dans le but d'obtenir plus de succès et de vivre moins de tensions.

Il prenait peu de décisions vraiment fâcheuses, mais quand cela arrivait, ces décisions suscitaient des problèmes dans son travail et provoquaient de temps à autre des bouleversements dans sa vie privée.

Il avait l'impression que ces choix malheureux lui coûtaient beaucoup et, confusément, il sentait qu'il pouvait faire mieux.

Un beau jour, très tôt, il partit vers les montagnes proches rejoindre un groupe d'hommes et de femmes d'affaires à *La randonnée*, un séminaire de fin de semaine réputé, dirigé par le «guide». C'était, semblait-t-il, un homme d'affaires formidable, passionné d'excursions, qui savait guider les gens dans la montagne, mais aussi dans leurs décisions.

On avait dit au jeune homme que des personnes

avaient ainsi appris une méthode efficace de prise de décision et qu'elles y retournaient certains week-ends afin d'améliorer leurs connaissances.

Mais comment pouvaient-elles mettre cette méthode en pratique au bout de quelques semaines?

Quelques heures plus tard, cheminant sur un sentier qui serpentait au pied de la montagne, il décida d'ôter sa veste et de la nouer autour de sa taille. C'était moins la chaleur qui le faisait transpirer que son anxiété : il s'était égaré et il était en retard.

En effet, peu de temps après avoir quitté son domicile, il s'était aperçu qu'il avait oublié son itinéraire. Il regrettait de ne pas avoir rebroussé chemin, mais, sur le moment, il avait craint de perdre du temps. Maintenant, il constatait qu'il était très en retard; aussi pressa-t-il le pas tout en gardant la même direction.

Il se consolait tant bien que mal en se disant qu'il n'était pas le seul à avoir besoin de leçons en matière de prise de décisions. Ayant souvent participé à des réunions, il avait pu maintes fois constater la médiocrité de certaines résolutions.

Pour lui, les maigres résultats de ces piètres décisions étaient manifestes partout : dans les entreprises, dans les écoles, dans l'administration de la commune ou même de l'État et, bien trop souvent, dans la vie quotidienne de chacun. C'était comme si les gens ne faisaient aucune relation entre choix et conséquences.

Le jeune randonneur en vint à se demander pourquoi tant de personnes, pourtant si brillantes, prenaient de si médiocres décisions.

Il commença donc par faire son autocritique. En tant que membre d'un groupe, il ne savait pas toujours s'imposer comme décideur, son principal souci étant surtout d'éviter de commettre des impairs. Il réalisait soudain que nul ne lui avait jamais appris comment prendre de décisions.

Perdu dans ses pensées, il sursauta en entendant une branche craquer sous ses pas. Il leva les yeux et jeta un coup d'œil aux alentours.

C'est alors qu'il aperçut l'homme.

Pendant un court instant, les deux hommes s'observèrent sans rien dire. Le plus jeune remarqua alors qu'une expression radieuse émanait du visage hâlé de l'inconnu. Il se demanda si cet élégant gentleman de haute taille et aux cheveux gris n'était pas le fameux «guide». Pour une raison encore indéfinissable, la présence de cet homme avait quelque chose de rassurant.

— Je suis à la recherche de *La randonnée*, annonça notre jeune homme.

— Je suis votre guide, répondit l'autre, et vous avez pris la mauvaise direction.

Sans autre explication, il tourna les talons et le jeune homme le suivit.

— Vous devriez méditer sur la décision qui a suscité votre retard, lança le guide par-dessus son épaule.

Embarrassé, l'élève ne trouva rien à répondre, mais il n'en obtempéra pas moins docilement.

— Pourquoi venez-vous à *La randonnée*? demanda un peu plus tard le guide.

— Je voudrais m'exercer à prendre de meilleures décisions, répliqua le jeune homme.

Alors qu'il parlait, l'angoisse si familière qu'il ressentait chaque fois qu'il avait une décision à prendre refit son apparition. Il savait que sa difficulté à faire les meilleurs choix faisait souvent de lui un être indécis et mal à son aise.

— Peut-être n'avez-vous pas toujours besoin de

prendre LA meilleure décision, dit le guide. Comme la plupart d'entre nous, vous découvrirez sans doute que pour mieux faire, il suffit d'améliorer et non de parfaire.

— Puis-je vous demander ce que vous entendez par de «meilleures décisions»? demanda le jeune homme qui commençait à se sentir un peu mieux.

— Une meilleure décision, c'est celle qui vous met à l'aise quand vous la mettez à exécution mais aussi celle qui donne de meilleurs résultats. Par «meilleures décisions», poursuivait le guide, j'entends meilleures que celles qu'on aurait prises sans s'être préalablement posé quelques questions fondamentales. Comme beaucoup d'autres, peut-être vous êtes-vous quelquefois senti indécis, ou peut-être avez-vous déjà eu l'impression de prendre des «demi»-décisions, de celles qui vous laissent un sentiment désagréable...

Plusieurs de ceux que vous allez rencontrer au cours de cette randonnée, sont parvenus à surmonter ce sentiment en mettant en pratique une méthode digne de confiance : faire appel à leur raison tout en consultant leur cœur dans le but de parvenir à une décision meilleure. Une partie de cette méthode consiste à répondre à deux questions primordiales dont les réponses sont «oui» ou «non».

— Et quelles sont ces deux questions? demanda le jeune homme avec empressement.

— Avant d'en arriver là, ne pensez-vous pas qu'il nous faut d'abord commencer par le commencement? Savez-vous ce qu'il vous faut faire en premier lieu pour rechercher une décision meilleure?

— Je ne le crois pas.

— Si vous ignorez ce qu'il faut faire, savez-vous, au moins, ce qu'il faut PAS faire?

Habituellement si préoccupé par ce qu'il avait à

faire, le jeune homme ne s'était jamais soucié de cet aspect des choses.

Soudain, le guide s'arrêta sur le chemin et son élève en fit autant.

— Quoi que vous fassiez, il faut tout simplement cesser de le faire, annonça l'homme.

Puis, il tira de sa poche un feuillet plié en quatre dont il fit lire une partie à son élève.

Après l'avoir lu, celui-ci médita quelques instants. Il sortit ensuite de son sac un carnet rouge et nota pour lui-même :

✔

Pour prendre de meilleures décisions,
je dois d'abord éviter
toute solution de facilité.

✔

— Si vous évitez les solutions de facilités et les décisions médiocres, expliqua le guide, vous créez un vide que vous pourrez alors combler par quelque chose de meilleur.

— Je crains fort, répliqua aussitôt le jeune homme, qu'en abandonnant ce que j'ai, je ne trouve pas quelque chose de mieux.

— C'est ce qui nous effraie tous, expliqua le mentor. Il faut en effet beaucoup de courage pour laisser aller tout ce qui nous est familier et facile. Mais en réalité, c'est la façon la plus saine et la plus fiable pour obtenir de meilleurs résultats. C'est lorsque vous vous êtes débarrassé de ce qui vous encombre que vous vous sentez libre de partir à la découverte de quelque chose de meilleur; et cette découverte, vous la faites en général au bout d'un temps relativement court.

Un vieux proverbe chinois dit : «Si tu veux une tasse de thé chaud, vide d'abord ta tasse. Verser du thé chaud dans une tasse déjà pleine ne fera que le répandre dans ta soucoupe».

— Je comprends, articula le jeune homme. Cela me fait penser à un de mes amis qui occupait les fonctions d'acheteur pour une société. Il s'est abstenu de renvoyer un fournisseur qui ne lui donnait pas satisfaction, même s'il lui avait plusieurs fois donné sa chance. Mon ami ne trouvant personne pour le remplacer, continua de faire affaire avec lui au lieu de mettre fin à cette inacceptable situation.

— Et que s'est-il passé?

— Le fournisseur persista à commettre des erreurs, ce qui coûta temps et argent à la société. En tout état de cause, je suis obligé d'avouer que mon ami a été renvoyé pour incompétence... Pourquoi persistons-nous à faire des choses qui ne nous conviennent pas? demanda le jeune homme au bout d'un moment.

— Tout simplement parce que nous nous sentons plus en sécurité auprès de ce qui nous est familier, quand bien même ce serait dangereux. Souvent, l'habitude engendre une certaine acceptation, même au détriment de l'efficacité. Vous pouvez le constater dans bon nombre d'organisations.

— Pourriez-vous me citer un exemple?

— Bien sûr. Il y a plusieurs années, l'armée américaine voulut avoir des canons tirant des salves plus rapides. On fit donc appel à un spécialiste pour étudier le problème. Il se rendit sur un champ de tir et remarqua que les artilleurs faisaient quelques pas en arrière et attendaient trois secondes avant d'envoyer leur salve. Quand il demanda les raisons de ces dispositions, on lui expliqua qu'elles répondaient aux directives du manuel d'artillerie. Il en prit aussitôt connaissance et apprit que ces directives remontaient au temps de la Guerre Civile. À l'époque, il fallait en effet reculer afin de retenir fermement par la bride le cheval qui tirait l'attelage, sinon la bête aurait rué dans l'affût du canon et aurait ainsi fait rater la cible.

Le jeune homme ricana en imaginant les soldats perpétuant le même mouvement vers des chevaux qui n'existaient plus.

Ils restèrent un moment silencieux pendant qu'ils traversaient un cours d'eau. Le guide consulta sa boussole avant de poursuivre :

— Quand l'armée a pris conscience de cela, les choses ont changé. Mais combien d'entre nous ont encore des attitudes similaires sans même s'en apercevoir?

— Puis-je vous parler des décisions que j'aimerais prendre à propos de mon travail et de ma vie privée?

— Non, répondit le guide. Je ne voudrais pas vous

paraître brutal, mais ce sont VOS décisions et non les miennes. Vous pourrez vraisemblablement avoir envie de vous concentrer sur une décision concernant vos affaires ou votre vie privée et de mettre en application les enseignements que vous aurez tirés de ce séjour parmi nous. Si c'est le cas, vous découvrirez probablement très vite que vous êtes parfaitement capable de prendre seul celles qui vous concernent et d'en apprécier seul les résultats. Si, par exemple, vous voulez aller vers l'ouest et vous vous apercevez que vous allez vers l'est, que faites-vous?

— Eh bien, je fais aussitôt demi-tour.

— Évidemment, confirma le guide. Prendre de meilleures décisions signifie emprunter de meilleures directions. Et maintenant, pour aller dans la bonne direction, allez-vous vous reposer sur quelqu'un ou préférez-vous avoir une bonne carte sur laquelle vous pouvez compter?

— Je préfère avoir ma propre carte, bien sûr. Je me souviens d'une phrase de Winston Churchill : «Personnellement, je suis toujours prêt à apprendre, même si je déteste qu'on m'apprenne quelque chose.»

— C'est la même chose pour moi, reconnut le guide avec un sourire. C'est toujours un défi que nous nous lançons lorsque nous cherchons par nous-mêmes; mais tout le monde peut y parvenir grâce à la méthode du «oui» ou «non».

— Comment saurai-je si cela marche pour moi aussi? demanda l'élève.

— Pourquoi ne pas l'essayer et constater les résultats par vous-même? Parlez aux autres membres de *La randonnée*. En dépit du fait qu'ils sont originaires de différents pays, ils ont ceci en commun qu'ils appliquent tous la méthode du «oui» ou «non» avec succès. Entre-temps, vous pouvez commencer par inventorier ceci.

Tout en accélérant le pas, l'homme lui tendit une enveloppe.

— Nous sommes en retard. Nous ne disposons que d'un week-end, aussi devons-nous nous hâter, dit-il en tournant la tête vers le jeune homme comme pour l'encourager.

Plus tard, à la faveur d'une pause sur le bord du sentier, le jeune homme put lire et mettre en pratique ce que son guide venait de lui donner.

Prendre une meilleure décision

Un bref récapitulatif en privé

Une décision d'affaires ou d'ordre personnel
Quel est mon problème? Est-ce ma situation professionnelle ou familiale que je veux améliorer?

Ma décision première est de : (dès à présent, je note ma décision première)
Que vais-je faire à propos de cette décision?
- Rien pour l'instant.
- Je veux faire quelque chose, mais j'ignore quoi et quand.
- Peut-être ferai-je ce qui suit :

La *meilleure* de ces trois décisions est de : (Je le noterai à la fin de *La randonnée*).

✓

Un système fiable

Quand le guide et le jeune homme eurent atteint le camp, d'autres randonneurs les attendaient déjà. Le groupe se composait de deux femmes et cinq hommes, en provenance d'Australie, du Brésil, d'Allemagne, du Japon et des États-Unis, et tout le monde se serra chaleureusement la main.

Un des randonneurs avait fait faire des casquettes portant l'inscription «oui» ou «non» sur fond imprimé de «décisions... décisions...» qu'il distribua à la ronde. Le jeune homme eut immédiatement le sentiment qu'il n'allait pas s'ennuyer.

Après un repas composé de sandwiches, de pommes et d'eau fraîche du ruisseau, le groupe commença à parler de l'excursion.

— Alors, vous comptez escalader la face nord de la montagne?

— Quel itinéraire emprunterons-nous s'il y a encore de la glace?

Et puis quelqu'un demanda :

— Faisons-nous une course ou une randonnée dans le but d'échanger nos idées?

La décision ne fut pas longue à venir. Le groupe

s'acheminerait tranquillement sur le versant est durant l'après-midi, ferait une pause au coucher du soleil avant de reprendre sa marche une partie de la nuit pour installer son camp à mi-chemin du sommet.

Le lendemain, le plus difficile resterait à faire et cela prendrait toute la journée au bout de laquelle on ferait un immense feu de joie. La journée du dimanche serait consacrée au retour, après un rassemblement à l'aube sur le sommet.

«Pour un groupe sachant prendre des décisions, je trouve qu'on pose beaucoup de questions», se dit le nouvel arrivant.

— Pourquoi font-ils cela? demanda-t-il.

— Ils utilisent la première moitié du système «oui» ou «non», répondit le guide.

— Comment cela?

— Le système «oui» ou «non» est un cheminement en deux parties destiné à prendre de meilleures décisions. Pour atteindre ce but, on examine les deux aspects d'une décision en se posant deux questions : la première d'ordre pratique, la seconde d'ordre privé. Et c'est ainsi qu'on arrive à une décision rapide.

— Comment fonctionne le système?

— On prend une première décision de façon normale. Ensuite, on se pose une question raisonnée et une question de goût personnel, on en débat et on prend la décision finale.

— Et cela marche vraiment?

— Oui. Mon premier employeur m'a fait connaître ce système voilà des années. Il voulait que tous les gens de son groupe puissent prendre une décision sans le consulter. Quand il nous en a parlé pour la première fois, il s'est rendu compte que la plupart d'entre nous faisions intervenir soit notre esprit, soit nos sentiments, mais rarement les deux à la fois. C'est là qu'il a décidé de nous inculquer le principe du «oui» ou «non», pour la prise de meilleures décisions; et cela a magnifiquement bien fonctionné.

— Qu'est-il arrivé?

— Nombreux furent parmi nous ceux qui prirent de meilleures décisions et, de ce fait, la société fit de plus grands bénéfices. Ils reçurent des primes et eurent des promotions. Mais, quant à moi, plus important encore, j'ai depuis appris à progresser, à être plus heureux en affaires et dans ma vie privée.

Le jeune homme mourait d'envie d'en savoir plus encore.

— Voilà, dit le guide en lui montrant un peu plus de la feuille de papier qu'il avait dans sa poche et qui disait :

✔

J'évite l'indécision ou les demi-décisions
basées sur des demi-vérités.

J'utilise les _deux_ parties d'un système sûr
qui favorise de meilleures décisions
de manière constante,
à savoir une tête froide et un cœur ouvert.

j'utilise ma tête
pour les questions d'ordre pratique
_et_
je consulte mon cœur
pour les questions d'ordre privé.

Puis, après avoir été à l'écoute
des autres et de moi-même,
je prends la meilleure décision et la mets en pratique.

✔

— La clé du problème réside dans l'utilisation d'un système sûr, expliquait-il encore. Parce qu'il est efficace en permanence. Même s'il survient quelquefois des erreurs, elles ne sont jamais imputables aux personnes mais plutôt au système de réflexion que ces personnes emploient.

— Cela me rappelle ce qu'a dit W.E. Deming, accréditant ainsi la formidable prospérité japonaise : «Quatre vingt-cinq pour cent des erreurs proviennent du système».

— Et je suis bien de son avis, acquiesça le guide en se huilant le visage d'ambre solaire. Le système «oui» ou «non» permet aux gens de reconnaître ce à quoi ils veulent dire «oui» et ce à quoi ils veulent dire «non».

— Je commence à réaliser que ma vie n'est, en grande partie, que le résultat de mes décisions. Je pense que dorénavant, je vais adopter un meilleur système.

— Oui, répondit le guide en souriant, nous devons tous le faire. De nos jours, il nous faut impérativement prendre de meilleures décisions, si ce n'est pour prospérer, tout au moins pour survivre.

— Et plus le système est bon, moins nous faisons d'erreurs, nous avons alors de meilleurs résultats.

— Oui, c'est un peu comme une chaîne de restaurants dont le système «fast food» est tellement au point, qu'un très grand nombre d'établissements offrent toujours au consommateur, où qu'il aille, la nourriture qu'il connaît et qu'il recherche. De la même façon, mes employés qui utilisent le système «oui» ou «non», commettent très peu d'erreurs et obtiennent de meilleurs résultats. La clé, c'est de s'en servir.

— Oui, mais comment?

— Vous pouvez l'utiliser de différentes façons. Après avoir pris votre décision initiale, vous pouvez l'améliorer en faisant appel à votre tête et à votre cœur, peu importe l'ordre. Les questions que vous vous posez en usant de l'une et de l'autre, comportent trois notions inhérentes à chacun d'eux : aller au-devant de ses besoins réels, être informé de toutes les options, aller au bout de sa réflexion. Vous découvrirez vraisemblablement que vous ne pouvez pas les séparer. À un moment de votre vie, dans une situation particulière, ce sont des concepts que vous éprouverez le besoin d'explorer. Une fois que vous aurez assimilé le système, ce dernier deviendra une sphère dans laquelle vous pourrez entrer à partir de n'importe quel point. En résumé, vous pouvez commencer par n'importe quelle question, à condition que vous répondiez aux *deux*.

— Combien de temps cela prend-il habituellement?

— Tout dépend de l'importance de la question et de la clarté de votre esprit. Vous pouvez vous concentrer sur une partie de la question et vous serez en mesure d'y répondre au bout de quelques minutes. Ou bien, vous pouvez réfléchir plus longtemps, considérer les trois notions liées à chaque question et prendre une décision finale.

— Je crains fort ne pouvoir jamais disposer de tout ce temps, avoua le jeune homme.

— C'est vrai aussi pour la plupart d'entre nous; mais plus vous vous poserez la question pratique et la question privée, et plus cela deviendra facile. Quand l'habitude est prise, les réponses viennent très rapidement.

— Mais quelles sont ces questions?

— Demandez donc aux autres randonneurs de vous en parler pendant ce séjour; vous recevrez toutes les explications à travers leurs propres expériences. Ensuite, pensez à une décision que vous voudriez prendre et posez-vous les deux questions; vous vous rendrez compte que vous aurez probablement pris une de vos meilleures décisions.

Au début, soyez patient, poursuivait le guide. Vous aurez peut-être l'impression que cette première partie du système vous est déjà familière ou qu'elle ne vous paraît pas très importante. Mais c'est en faisant ces «aller-retours» en vous-même, en explorant ces deux moitiés de vous-même - l'esprit et le cœur - que vous découvrirez ce que vous cherchez. Vous serez alors en mesure de prendre de meilleures décisions, aussi bien au sein d'un groupe professionnel que dans un contexte familial. Souvenez-vous toujours d'utiliser les *deux* parties du système, car l'une ne va pas sans l'autre.

Plus tard, alors qu'ils cheminaient sur une petite côte, le jeune homme remarqua que le guide examinait la feuille qu'il avait sur lui et qu'il avait complètement dépliée.

— Puis-je savoir ce que vous regardez? demanda-t-il.

— Mais bien sûr : c'est ma carte de «oui» ou «non». Nombre d'entre nous ont rédigé un sommaire de leurs impressions sur les questions en rapport avec le système «oui» ou «non»; nous l'avons appelée simplement la carte. Je m'y réfère brièvement chaque fois que je veux prendre une meilleure décision. Ce qui est merveilleux c'est qu'elle me permet de trouver rapidement la bonne voie.

— Puis-je la voir? demanda le jeune homme.

— Il serait préférable que, durant la *Randonnée*, vous appreniez à tracer les lignes de votre propre carte. Elle s'avérera bien plus utile.

Soudain, le guide fit un bond de côté, tandis qu'on entendait un bruit dans les fourrés.

— Écartez-vous, dit-il, c'est un serpent venimeux.

L'élève se demanda comment le guide avait pu si vite repérer la bête. Néanmoins, il décida de faire plus attention où il mettait les pieds.

Sur ces entrefaites, le randonneur encouragea son nouvel élève à se joindre au reste de la troupe et poursuivit son chemin seul, l'air pensif.

✔

Le besoin réel

Alors que les randonneurs entamaient l'escalade de la montagne, le jeune homme se retrouva aux côtés de Franklin Neal, un Américain de Chicago aux manières brusques.

Neal était directeur d'une importante entreprise et membre influent au sein de plusieurs conseils d'administration. C'est onze ans plus tôt qu'il avait commencé à étudier la fameuse carte et l'avait utilisée depuis avec succès. Il tendit une main ferme et dit laconiquement en regardant droit devant lui :

— Appelez-moi Frank.

Immédiatement, le jeune homme se sentit privilégié; cet homme ne devait pas permettre aisément qu'on l'appelât par son prénom.

— Pensez-vous que notre conversation sur les décisions sera utile ou avez-vous *vraiment* l'intention de mettre en pratique vos nouvelles connaissances? demanda l'homme

— Quoi que j'apprenne, répliqua le nouvel élève, j'ai fermement l'intention de m'en servir pour les décisions que j'aurai à prendre. Pour aller droit au but, le guide m'a dit qu'il y avait des questions auxquelles il fallait que je réponde afin de prendre de bonnes décisions; quelles sont-elles?

— Vous devez vous servir de votre tête pour répondre à cette question, dit Frank :

Vais-je au-devant de mon véritable besoin? Suis-je informé de toutes les options? Vais-je au bout de ma réflexion?

Posez-vous la question maintenant... Ça y est?

— En quelque sorte, répondit rapidement le jeune homme.

Frank fit soudain volte-face.

— Jeune homme, ne serait-il pas préférable que vous répondiez par «oui» ou par «non»?

Le jeune homme resta figé. Il grimaça, tripota sa casquette et répondit :

— Peut-être.

Frank éclata d'un rire tonitruant : la glace était rompue. Il n'ignorait pas que son compagnon était hésitant, un peu sur la défensive. Néanmoins, il semblait apprécier son sens de l'humour.

— Peut-être est-ce là une grande non-décision, conclut-il.

Penchez-vous sur les trois notions rattachées à la première question : Aller au-devant de son besoin réel, être informé de toutes les options et aller au bout de sa réflexion. Commençons par la première : *allez-vous au-devant de vos besoins réels?*

L'élève se détendit. Peut-être lui serait-il plus facile d'éclaircir ses idées s'il répondait par «oui» s'il connaissait le besoin réel de prendre sa décision, ou «non» s'il l'ignorait. Au bout d'un instant, il répondit honnêtement : «non».

— Bien, dit Frank. Aussitôt qu'on répond «non» à une question, on peut lui porter davantage attention et arriver à une meilleure décision.

— Que faut-il faire pour que j'y porte attention?

— Si vous répondez «non» à la première partie, il faut alors faire attention à la direction que vous emprunterez. La plupart d'entre nous nous attachons à prendre le chemin de ce que nous *voulons avoir*; et c'est, en général, parce que nous ignorons ce dont nous *avons besoin*. C'est de cette manière que nous prenons la mauvaise direction.

Le jeune homme sourcilla au souvenir de ses errances du matin.

— Mais comment définir mon besoin réel? demanda-t-il.

— Vous pouvez commencer par vous demander : «Est-ce quelque chose dont *j'ai envie* ou dont *j'ai réellement besoin?*

— Où est la différence?

— «Je *veux*» est un désir. «J'ai *besoin*» est une nécessité. «Je veux» n'est qu'un caprice, une distraction que nous recherchons et qui s'avérera très vite décevante. Ce n'est pas en obtenant ce que nous voulons que nous parvenons à combler notre vide. Par contre, notre besoin est quelque chose de primordial, de vital, quelquefois. Un besoin est une nécessité créée par une situation donnée. Un exemple? Nous voulons du jambon mais nous avons besoin de pain, car le jambon a bon goût mais c'est le pain qui nous nourrit.

— C'est un raisonnement de base intéressant, s'étonna le jeune homme. Je parie qu'il est très pratique pour les débutants.

— Ai-je l'air d'un débutant? rétorqua Frank. Le problème avec la plupart des gens, c'est qu'ils oublient d'appliquer les principes fondamentaux. En réalité, ceux qui réussissent vont d'abord au-devant de leurs *besoins*.

On peut très bien avoir envie d'une belle maison mais avoir besoin d'un foyer chaleureux. Lorsqu'on poursuit ce que l'on veut, on rate souvent ce dont on a besoin. *Je le sais.* Pour être rationnel, il faut commencer par le commencement : il faut d'abord bâtir un foyer, et ensuite, une maison. C'est seulement après avoir satisfait tous les besoins qu'on peut s'attacher à ce dont on a envie; Mais *après*, seulement.

Le jeune homme se mit à penser à la différence entre les besoins inhérents à son travail et ses désirs profonds. Il se demanda comment il allait procéder désormais.

Il avait en tête quelques exemples des décisions à court terme, dans les années 80, de quelques Américains qui permirent aux Japonais de se porter acquéreurs d'un bon nombre de sociétés et de valeurs immobilières. À ce moment précis, ils avaient obtenu ce qu'ils voulaient : de rapides et substantiels bénéfices. Néanmoins, les gens d'affaires japonais aussi avaient obtenu ce qu'ils voulaient : investir à long terme et capitaliser. Et le jeune homme se demanda si ce qu'il poursuivait était ce qu'il voulait ou ce qu'il lui fallait.

— La solution du problème, c'est de se concentrer sur les besoins réels. Se concentrer signifie avoir une vision des résultats dont vous avez *réellement* besoin; et ce, avec tellement de clarté, en veillant si attentivement au moindre détail, que vous devez vous-même en imaginer les conséquences.

Le jeune homme leva les yeux au ciel et aperçut le pâle reflet de la lune.

— Je me souviens d'avoir vu une cassette vidéo des années 60 où le président des États-Unis de l'époque disait : «Avant la fin de cette décennie, nous aurons envoyé un homme sur la lune et l'aurons fait revenir sain et sauf», récita-t-il.

— Qu'est-ce qui vous fait penser à cela?

— Je pense que c'est un bon exemple de concentration sur un besoin réel, car le président était parfaitement conscient de nos besoins, y compris celui de faire revenir les astronautes sains et saufs.

— Tout à fait. Il aurait pu vouloir envoyer des hommes sur la lune très rapidement. Mais le besoin réel était d'envoyer des hommes sur la lune *et* de les ramener sains et saufs.

— Oui. Sinon tout le programme spatial était perdu. Et le fait qu'il ait dit que ce serait fait avant la fin de la décennie conférait à ses propos un caractère d'urgence.

— Et savez-vous ce qu'il s'est passé?

— Oui. Les astronautes américains sont allés sur la lune en 1969 et sont tous revenus indemnes. Je me souviens du film montrant la capsule Apollo tombant en plein milieu de l'océan.

— En vous rappelant cette scène, que retenez-vous de la concentration sur les besoins réels?

— Je commence à comprendre que lorsqu'on focalise son attention sur une chose en disant «non» à tout le reste, on obtient de meilleurs résultats.

— Bien, dit Frank. Pensez-vous que cela vous aiderait à vous concentrer si vous notiez sommairement les résultats dont vous avez besoin et que vous avez longtemps recherchés?

— Oui.

Et l'élève s'arrêta un moment pour prendre quelques notes. Puis repensant à sa décision il annonça :

— Ainsi, se concentrer revient à se sensibiliser aux résultats recherchés à un point tel que rien d'autre ne peut nous en distraire.

— C'est cela, dit Frank. Vous vous concentrez en disant simplement «oui» à ce qui correspond à votre besoin réel et «non» à ce qui ne vous concerne pas.

— Comment devenir résolu à ce point?

— Les gens résolus savent très clairement quels sont leurs besoins réels; ils peuvent ainsi rapidement juger si une décision particulière correspond réellement à leurs besoins ou si, au contraire, elle leur nuit.

Pour reprendre votre exemple du programme spatial, imaginez qu'un ingénieur aille voir son directeur et lui propose d'envoyer un homme sur la lune dans une quinzaine d'années. Partant du fait que ce directeur connaît parfaitement les besoins à remplir pour réaliser ce programme, que pensez-vous qu'il va répondre? «Oui» ou «non»?

Le jeune homme sut immédiatement la réponse.

— S'il faut envoyer un homme sur la lune et le faire revenir sain et sauf avant la fin de la décennie, tout programme dépassant une durée de dix ans n'est pas acceptable parce que trop long. Ainsi, un directeur concentré sur les vrais impératifs peut aisément répondre «non». Aussi formidable que puisse être l'idée, la décision sera négative.

— Exactement, approuva Frank. Vous rendez-vous compte, maintenant, comme il est facile d'être résolu lorsqu'on concentre son attention sur ses besoins réels?

— Je commence à comprendre, admit le jeune homme.

— Un autre exemple : que se passerait-il si un ingénieur proposait à son directeur de programme d'envoyer un homme sur la lune dans deux ou trois ans, mais en risquant la vie des astronautes?

— Un directeur compétent répondrait «non» à cause des risques encourus.

— Réalisez-vous maintenant à quel point votre décision dépend de la clarté avec laquelle vous définissez vos besoins?

— Effectivement.

— Les organisateurs du programme spatial le savaient très bien, poursuivait Frank. Personne auparavant n'était allé sur la lune; il était donc important qu'ils rassemblent toutes les informations et qu'ils fassent appel à toute leur imagination pour définir leurs besoins réels et s'y consacrer. Une fois leur optique bien définie, ils s'y concentrèrent et poursuivirent leur tâche.

— J'ai vu, en effet, des films d'animation montrant les astronautes dans leur capsule effectuant des manœuvres d'alunissage simulé, observa l'élève.

— Bien sûr. Plus vous définissez clairement les résultats recherchés, plus vous serez en mesure de régler les problèmes qui peuvent vous faire obstacle.

Comme pour ponctuer leur compréhension réciproque, les deux hommes burent une gorgée d'eau de leurs gourdes. Le plus jeune sortit à nouveau son carnet et inscrivit :

✔

Quand je m'attache
à mes besoins réels,

je suis plus résolu
et je prends de meilleures décisions
plus rapidement.

✔

— Nous voulons beaucoup, poursuivait encore Frank, mais, en fait, nous avons besoin de peu. Lorsque nous rattachons notre décision à notre seul besoin - ce qui contribue à notre réussite - elle devient alors bien plus facile à prendre.

Un exemple encore. Je suis veuf et je fais moi-même mon marché. Le jour qui a suivi ma première *Randonnée*, je suis allé au supermarché et j'ai rapidement testé ce que je venais d'apprendre la veille : est-ce que je désire seulement ceci, ou en ai-je vraiment besoin? Et ce genre de question a bien fonctionné. Je suis rentré chez moi avec un choix de nourriture plus approprié, plus sain. Depuis, bien me nourrir est devenu une habitude et je m'en porte beaucoup mieux.

— Mais comment faire la différence entre ce dont j'ai envie et ce dont j'ai besoin? demanda le jeune homme.

— Il existe une façon très simple et très pratique. Pour définir ce que vous voulez simplement posez-vous la question : «Qu'est-ce qui me plairait de faire?» Par contre, pour connaître votre besoin véritable, demandez-vous : «En y réfléchissant, qu'est-ce que j'aimerais avoir fait?» Au supermarché je me suis donc posé la question : «Plus tard, qu'est-ce que j'aimerais avoir mangé?»

— C'est bien pratique, en effet, admit le jeune homme. On peut donc constater qu'en obtenant ce qu'on veut, on n'en tire pas nécessairement le profit escompté.

— Beaucoup de gens dans le milieu des affaires réagissent de cette façon. Ils recherchent la réalisation de leurs souhaits plutôt que de leurs besoins. Ils créent ainsi énormément de préjudices à leurs sociétés et à eux mê-mes. J'ai moi-même pu constater que plus j'ai de person-nel qui poursuit des besoins réels et plus ma société est prospère. Que ce soit dans le cadre de structures sociales ou dans notre vie personnelle, nous pouvons, dans notre intérêt à tous, nous poser la question : «*Vais-je au-devant de mes besoins réels?*»

— Je commence à réaliser à quel point c'est important, reconnut le jeune homme.

Et il se mit à raconter l'histoire d'un de ses amis qui avait échoué dans ses fonctions d'éditeur dans le cadre d'une société qu'il avait créée. Il avait effectivement favorisé la publication d'ouvrages écrits par des professeurs de lycée dont le nombre de lecteurs potentiels représentait un marché extrêmement limité. Il avait échoué parce qu'il s'était attaché à la seule notion qui l'intéressait : le prestige, aux dépens de ce dont il avait besoin : des bénéfices.

— Pouvez-vous imaginer le nombre de décisions que votre ami a dû prendre, surenchérit Frank, pour décider quels professeurs éditer et quels livres? Toutes ces décisions étaient-elles vraiment nécessaires?

Le jeune homme comprenait bien que non. Car son ami ne s'était pas attaché aux besoins réels : maintenir son affaire à flot, payer ses factures et s'assurer un salaire en éditant *et* des livres de prestige *et* des livres de grande diffusion. Dans le même temps, il comprenait aussi que bien des décisions prises dans le cadre de ses activités professionnelles étaient inutiles; il décida donc que, désormais, il se consacrerait aux vrais besoins de l'organisation à laquelle il appartenait. Il était maintenant persuadé qu'il pouvait contribuer à la croissance de sa société en s'évitant bien des efforts inutiles et peut-être même disposer de plus de temps pour ses loisirs. Peu à peu, il éliminait dans son esprit toutes les décisions inutiles; il pouvait maintenant se concentrer sur les besoins réels pour les décisions importantes. Il pensait à celle qu'il devait prendre, quand Frank expliqua :

— Ne vous laissez pas distraire par le premier lièvre qui croise votre chemin; ce serait seulement se laisser aller à la tentation. Restez sur votre terrain de chasse et poursuivez votre objectif jusqu'à ce que vous l'ayez atteint. À ce moment-là, vous réaliserez que vous vous trouvez dans une meilleure posture qu'au départ.

En parlant de départ, le jeune homme se souvint de la question que s'étaient posée les membres de *La randonnée* : «Faisons-nous une course ou une randonnée durant laquelle nous pourrons échanger nos idées?» Ils avaient choisi la seconde solution en décidant de passer par la face est, conscients du fait qu'ils voulaient mettre à profit la tranquillité de ce week-end pour échanger des idées et penser aux décisions qu'ils avaient à prendre.

— Vous arrivez nécessairement à une meilleure décision en vous demandant : *«Vais-je au-devant de mes besoins réels?»*

Absorbés par leurs propres pensées, les deux hommes ne dirent plus mot. D'avoir discuté avec le jeune homme de la première notion de la question d'ordre pratique incita Frank à réfléchir à ses propres problèmes. Il regardait en direction du sommet, pensant à ce qu'il devait vraiment faire.

D'un commun accord, les deux hommes décidèrent de ne plus parler et le plus jeune se demanda comment mettre en application tout ce qu'il venait d'apprendre. Comment définir le besoin réel d'une prise de décision? S'il lui fallait faire quelque chose, que serait-ce?

Il repensa à la décision qu'il avait à prendre et se reposa encore la question d'ordre pratique : «Vais-je au-devant de mon besoin réel? Suis-je informé de toutes les options possibles? Vais-je au bout de ma réflexion?»

Il savait qu'il devait comprendre les deux autres notions complémentaires à cette première question mais il en ignorait la teneur. Il savait également que les autres randonneurs se posaient les mêmes questions.

Les deux hommes décidèrent de se reposer à l'ombre d'un grand arbre et l'élève en profita pour noter sommairement ce qu'il voulait retenir et *mettre en pratique* :

Aller au-devant de mes besoins réels : sommaire

Reconnaître dès le début que mes besoins réels m'apporteront de meilleurs résultats.

Cela implique d'en _avoir_ une vision anticipée si claire et si bien définie que j'aie le sentiment d'avoir d'ores et déjà atteint mon but, mais aussi de ne faire _uniquement_ que ce qui se rattache à mes besoins réels.

Mes désirs ne sont que des souhaits. Mes besoins sont des nécessités.

Pallier à mes besoins est essentiel à mon succès et à l'accomplissement de moi-même.

Pour définir ce que je veux, je me demande : «Qu'est-ce que je veux faire maintenant?» Pour savoir ce dont j'ai besoin, je me demande : «Qu'est-ce que j'aimerais avoir fait?»

En quoi cette décision vient-elle satisfaire mes besoins? Contribuent-ils effectivement à mon succès ou à celui des autres? Ma vision est-elle vraiment concentrée sur les résultats dont j'ai reconnu la nécessité? Dis-je «oui» à tout ce qui s'y rattache et «non» à tout ce qui m'en éloigne?

Vais-je au-devant de mon véritable besoin?

Je me sers de ma tête en me posant la question d'ordre pratique :

Vais-je au-devant de mon besoin véritable? Suis-je informé de toutes les options? Vais-je au bout de ma réflexion?

OUI___ ou NON___

✓

Options informées

Tard dans l'après-midi, Frank présenta le jeune homme à Hiro Tanaka, un des meilleurs randonneurs du groupe. Le brillant homme d'affaires possédait une PME à Tokyo.

Alors que les trois hommes traversaient un secteur rocailleux et dépourvu de végétation, Frank raconta à Hiro comment le jeune homme avait lui-même découvert la première partie de la question d'ordre pratique.

— Si j'avais pu me poser chaque partie de la première et de la seconde question, aurais-je été en mesure de prendre une bonne décision? demanda le jeune homme.

Pour toute réponse, Frank se contenta de sourire. D'un signe de la main, il fit comprendre à ses compagnons qu'il poursuivait son chemin sans eux.

Hiro s'exprima calmement et avec netteté.

— Ce que vous dites est vrai, commença-t-il. Mais comme on dit au Japon : «Plus je vais lentement, plus j'arrive tôt». La version moderne serait : «Cela demande moins de temps de prendre une bonne décision que d'en corriger une médiocre».

Le jeune homme sourcilla en se rendant compte

combien cette maxime s'appliquait à sa mésaventure du matin. Il réalisait l'importance de prendre la bonne décision avant toute chose.

— Êtes-vous prêt à vous pencher sur la seconde partie de la question d'ordre pratique : «*Vais-je au-devant de mon véritable besoin? Suis-je informé de toutes les options? Vais-je au bout de ma réflexion?*»

— Ai-je le choix? grimaça le jeune homme.

Hiro se mit à rire.

— Un des choix qui s'offre à vous, dit-il, c'est de réaliser que, de façon générale, vous avez toujours le choix. La plupart du temps, vous devez choisir entre plusieurs options, mais vous n'en avez pas toujours connaissance. Lorsque vous vous entendez dire : «Je n'ai pas d'autre choix que de... », contentez-vous de sourire et dites-vous simplement que vous ignorez les choix qui s'offrent à vous. Ce sont nos esprits figés par la crainte qui créent ce sentiment en nous. Les situations sans alternatives sont très rares; c'est seulement nos craintes qui nous empêchent d'envisager toutes les possibilités offertes.

— Comment pourrais-je en avoir toujours conscience?

— En commençant par vous poser un certain nombre de questions et par rassembler les informations requises. Par «informations requises», j'entends ce dont vous avez réellement besoin pour prendre une bonne décision. Les autres sont superflues. Lorsque vous rassemblez ces informations, éviter surtout de ne pas écouter ce que vous ne voulez pas entendre, sinon les données s'en trouveraient faussées et vous resteriez dans le domaine de l'utopie.

— Comment éviter cela?

— La bonne manière de rassembler toutes les

informations requises, c'est de faire des observations réalistes. Exemple : supposons que vous êtes assigné à la recherche d'un emplacement pour la construction d'un jardin d'enfants. Un endroit vous semble convenable car il n'est pas trop venteux. Vous pouvez alors consulter un agent immobilier qui vous assurera que l'emplacement est bien abrité. Mais comment découvrir tous les paramètres requis par vous-même?

Le jeune homme l'ignorait, ou, du moins, le croyait-il.

— Et s'il y avait des arbres sur l'emplacement? demanda Hiro.

Le jeune comprit où le Japonais voulait en venir.

— En les observant, je pourrais me rendre compte s'ils ont ployé sous l'effet du vent.

— Exactement, approuva Hiro. À partir de quoi préférez-vous tirer vos conclusions? Des paroles d'autrui ou de vos propres constatations?

Le jeune homme se souvint des moments où il avait fait appel à ses propres observations pour prendre une décision; notamment, lors de l'achat de sa première voiture où il avait passé de longs moments à en observer dans la rue afin de prendre connaissance de toutes les options qui s'offraient à lui.

— Je serais bien plus avisé de me fier à mes propres constatations, dit-il.

— Oui, acquiesça l'homme. Plus vous observez et plus vous apprenez.

L'élève prit quelques instants pour réfléchir à cet aphorisme.

— Cela ne m'aiderait-il pas davantage encore de communiquer avec des personnes ayant déjà fait certaines observations?

— Bien sûr. Questionnez le plus grand nombre de

personnes expérimentées qu'il vous est possible; celles qui ont une grande connaissance en la matière et dont le jugement vous paraît fiable.

— Comme par exemple parler avec chacun d'entre vous à propos de la carte?

— Oui. Parlez aux gens dont vous avez le sentiment qu'ils peuvent vous guider et écoutez-les; mais soyez toujours circonspect. N'acceptez pas d'emblée le point de vue d'autrui. Vérifiez d'abord vous-même l'information.

— Je commence à comprendre l'idée directrice «s'informer soi-même».

— C'est cela. Et si vous obtenez d'autrui un renseignement dont vous doutez de la véracité, vérifiez alors par vous-même.

Le jeune homme se mit à réfléchir sur cette notion et sur le périple qu'il avait entrepris. Il remarqua que les randonneurs les plus expérimentés comme Hiro, marchaient seuls. Ils connaissaient la route. Cependant, se dit-il, avec un minimum d'attention, il serait, lui aussi, capable de poursuivre son chemin tout seul.

— Vous prendrez rarement connaissance de toutes les options possibles en restant assis et en attendant qu'elles viennent à vous, dit Hiro.

— C'est pourtant ce qu'il m'arrive de faire, constata le jeune homme. Pouvez-vous m'expliquer cela?

— C'est probablement votre crainte inconsciente qui vous paralyse. La frayeur brouille votre vision expliqua Hiro. Le pire cas que je connaisse c'est le triste commentaire d'un père dont la fille de vingt ans venait de se suicider : «Je pense à tous les choix qu'elle aurait pu faire et dont elle n'était pas consciente».

Hiro resta en moment songeur en pensant à la tristesse que ce père avait pu éprouver.

— Le plus triste, poursuivit-il, c'est qu'en général, ce qui nous paralyse et nous effraie n'appartient pas à la réalité. Mais lorsque nous la découvrons après être parti à la recherche de toutes les informations auprès de personnes éclairées, nous sommes plus conscients des alternatives qui nous sont proposées. Nous éprouvons un grand soulagement lorsque nous recevons une information réaliste qui nous conduit généralement à plus d'information. Nous devenons ainsi plus avertis de la réalité des choses. Selon vous, quand pensez-vous être apte à vous sentir le plus découragé? Quand vous avez le sentiment d'avoir le choix ou le contraire?

— Je me sens bien plus découragé quand je constate qu'aucune option ne s'offre à moi. C'est ce qui m'arrive en ce moment dans mon travail.

— Et dans quel contexte pensez-vous être le plus apte à découvrir ces options? Seul et livré à vos propres pensées ou en rassemblant le maximum d'informations auprès de votre entourage?

— En sortant de ma coquille et en allant au-devant des autres, bien sûr, reconnut le jeune homme. Je serai alors bien plus conscient de la suite des événements.

— Oui. Et vous devez vous souvenir que l'information représente plus qu'un regroupement de faits. Elle traduit également le *sentiment* des personnes envers ces faits.

L'élève comprit qu'il devait donc s'attacher autant aux réactions des gens devant certains faits qu'aux faits eux-mêmes. Il résolut qu'à l'avenir, il mettrait cette notion en pratique. Puis il demanda :

— Lorsque j'aurai rassemblé un certain nombre d'informations, dans les faits comme dans les sentiments, à quel moment pourrai-je prétendre en savoir assez?

— Il existe deux sortes d'informations, expliqua le

Japonais. Les informations agréables et les informations nécessaires. Vous pouvez avoir le sentiment de ne jamais obtenir celle que vous recherchez; mais demandez-vous : «Ai-je obtenu l'information dont j'ai besoin?» Vous ne devez pas perdre de vue que l'information qui vous est nécessaire est celle sans laquelle vous ne pouvez pas prendre une bonne décision. Par exemple : lorsque nous installerons le camp, ce soir, nous devrons explorer le terrain et nous assurer qu'il existe un point d'eau à proximité. Donc la décision ne pourra être prise qu'une fois l'information obtenue.

Le jeune homme s'arrêta pour noter :

✔

*C'est en obtenant le plus d'informations
que je prends conscience de toutes les options.*

✔

— Je crois que, jusqu'à présent, je ne me suis pas suffisamment servi de ma tête et que je n'ai pas assez réfléchi à toutes les options possibles, dit-il à Hiro en confidence.

— Vous avez tout de même commencé en vous posant la question : *«Vais-je au-devant de mes besoins réels? Suis-je informé de toutes les options? Vais-je au bout de ma réflexion?»*

Le jeune homme qui voulait toujours en savoir plus demanda :

— Comment reconnaître la meilleure option?

— Comment procéder selon vous?

— Eh bien, je crois que je me demanderais : «Cette option correspond-elle à mes besoins réels?»

— Excellent, annonça Hiro. Maintenant, vous souvenez-vous de la première étape pour une meilleure prise de décision?

— Oui : tout arrêter. Si je ne sais pas d'emblée dire «oui» à une bonne décision, je dois savoir dire «non» à une décision médiocre et cesser de faire ce qui ne donne pas les résultats escomptés. Même si j'ignore la méthode recherchée, je pourrais toujours combler le vide ainsi créé par quelque chose de meilleur.

— Exactement, approuva Hiro. Lorsque vous avez décidé d'interrompre une méthode qui ne convient pas et de vous joindre à *La randonnée*, vous avez décidé de partir à la recherche de quelque chose dont vous ignoriez encore la teneur. En éliminant l'option réductrice consistant à prendre de piètres décisions, vous avez, par le fait même, accru votre volonté de découvrir un meilleur procédé.

Encore un exemple : l'an dernier, un de nos randonneurs américains me racontait que son travail avait grandement souffert à la suite de son divorce. Il pensait être encore amoureux de son ex-femme qui, par contre, ne s'intéressait plus du tout à lui. Il ne savait plus quoi faire au point d'en perdre l'appétit et le sommeil.

— Était-il *vraiment* encore amoureux d'elle?

— Je l'ignore. Mais la façon dont il en parlait laissait supposer qu'il ne la portait pas tout à fait dans son cœur. Quoi qu'il en soit, il était persuadé que la seule façon d'être heureux et productif était de renouer ses anciennes relations. Attendu que c'était impossible, il fit une dépression nerveuse.

— Et que s'est-il passé?

— Il m'a raconté qu'un de ses amis intimes lui a posé une série de questions qui lui ont permis de se faire une idée de toutes les options qui s'offraient à lui. Il lui avait demandé :

«Étiez-vous heureux, ta femme et toi, durant la période de votre mariage?» À quoi il a répondu «non». «Penses-tu avoir tenté d'y changer quelque chose?» «Non» a-t-il répondu encore. «Et qu'est-ce qui te fait croire maintenant que tu serais heureux si tu la retrouvais? Ne penses-tu pas que tu améliorerais vraiment ta situation si tu rencontrais une femme qui soit plus compatible avec toi? Supposons que tu tires les enseignements de ce premier mariage en reconnaissant tes fautes et en les corrigeant. Supposons que tu partes en croisière et que tu rencontres une femme merveilleuse et que cette femme tombe follement amoureuse de toi. Ou bien qu'un jour, au cours d'un repas d'affaires, tu fasses la connaissance d'une femme qui possède tout ce que tu as toujours recherché, que tu lui donnes rendez-vous et qu'une sorte de magie s'installe entre vous. Ou encore, lors d'une promenade à bicyclette, que tu rencontres une femme qui pédale à tes côtés, que tu retrouves un peu plus tard au club cycliste pour une partie de bridge, et avec qui tu te découvres des tas d'affinités, etc. etc.»

Le jeune homme eut un sourire et dit :

— Je parie qu'il ne lui a pas fallu longtemps pour trouver chaussure à son pied.

— Évidemment. Parce qu'il était alors plus conscient des réalités; quand il eut fini de s'apitoyer sur lui-même et qu'il se rendit compte de l'existence des possibilités qui s'offraient à lui, il comprit qu'il avait à sa disposition de nombreuses alternatives; la suite ne dépendait que de lui. En fait, ces choix existaient depuis toujours; simplement, il n'en avait pas conscience.

Le jeune homme se remit à penser à la décision qu'il devait prendre; il observa :

— Ainsi le problème ne réside pas dans le fait d'*avoir* ou non le choix, mais plutôt, dans *la prise de conscience* de ces choix. Mais comment cet homme divorcé aurait-il pu prendre plus tôt conscience de ces choix?

— Comment pensez-vous, *vous*, qu'il aurait pu faire?

— Eh bien, en tentant de rassembler les informations nécessaires; c'est, du moins, ce que j'aurais fait.

— Parfaitement, dit Hiro. Et quel moyen aurait-il dû utiliser pour rassembler ces informations?

— Je suppose en adhérant au club cycliste local ou en visionnant des vidéos de club de rencontre ou...

— Tout à fait, approuva Hiro. Même sans le vouloir, il aurait pu rassembler toutes les informations dont il avait besoin. Et maintenant j'aimerais connaître votre opinion sur l'expression : «quelquefois, on n'a pas le choix».

— Habituellement, on a toujours le choix, répondit le jeune homme. C'est en recherchant un complément d'information qu'on peut le découvrir. Je me rappelle d'une histoire à propos d'Henry Ford et de l'importance de l'information avant la prise de décision.

Après avoir invité trois de ses directeurs régionaux à dîner, il en nomma un directeur national. Plus tard, lorsque l'homme lui demanda pourquoi il avait été choisi, Ford répondit : «Vous étiez tous les trois de brillants gestionnaires, mais vous êtes le seul a avoir goûté son plat avant de le saler. J'apprécie les gens qui recherchent des informations avant de prendre une décision».

Et tout en racontant son histoire, l'élève réalisait qu'il n'avait pas toujours recherché l'information dont il avait besoin avant de prendre une décision et il se demanda le nombre d'occasions qu'il avait laissé glisser entre ses doigts. Il remercia Hiro et se retira pour réfléchir.

Plus tard, appuyé contre un tronc d'arbre, il nota calmement sur son carnet différentes observations ainsi que quelques questions :

Prendre connaissance des options possibles : sommaire

Tout d'abord, je réalise qu'il existe de nombreuses options que j'ignore.

Aussitôt après avoir pris connaissance des informations requises, je deviens conscient de toutes les options qui s'offrent à moi.

Je définis celle qui correspond à mes besoins réels.

L'information est un rassemblement de faits et de sentiments qui reflète, d'une part la réalité, d'autre part, les réactions face à cette réalité.

Je rassemble les informations dont j'ai besoin et je les analyse. Si elles émanent d'une personne ou plusieurs personnes, j'en vérifie la véracité.

Suis-je en possession de l'information qu'il me faut? Qui pourrait me la donner? Où se trouve-t-elle? Quelle est la meilleure façon de l'obtenir? L'ai-je vérifiée?

Après avoir rassemblé mes informations, quelles sont mes options? En ai-je pris connaissance?

Je me sers de ma tête en me posant une question d'ordre pratique :

Vais-je au-devant de mon véritable besoin? Suis-je informé de toutes les options offertes? Vais-je au bout de ma réflexion?

OUI____ ou NON____

✓
Au bout de la pensée

Vendredi, la nuit tombée

Cette nuit-là, après avoir pris un peu de repos en admirant le soleil couchant, le groupe reprit sa marche lentement, toujours conduit par son guide qui encouragea chacun à faire l'expérience de tenter de trouver son chemin dans le noir.

— C'est de cette manière qu'on prend souvent des décisions : dans le noir, dit-il. Nous pouvons éclairer notre chemin en nous posant à nous-mêmes quelques questions car, si nous ne le faisons pas, nous restons dans l'obscurité.

Après une heure d'une lente progression, les randonneurs atteignirent l'endroit où quelques-uns d'entre eux avaient précédemment noté la présence d'un cours d'eau et ils dressèrent le campement pour la nuit.

Alors qu'avec quelques autres il s'activait à faire un feu de camp, le jeune homme frissonna. Il aurait aimé avoir fait preuve de plus de clairvoyance en apportant des vêtements plus chauds. Il aurait dû le savoir. Mais il n'y avait pas pensé, c'est tout. Il frotta vigoureusement ses mains l'une contre l'autre.

Ayant remarqué la chose avec un sourire, Ingrid

Bauer, une femme très brillante qui dirigeait une société d'expertise à l'échelle internationale, lui proposa un chandail.

— C'est une chance pour vous que j'aime porter des tricots amples, dit-elle en lui tendant le vêtement tandis que le jeune homme se confondait en remerciements. J'ai entendu dire par Frank que vous souhaitiez avoir un mentor, un aîné qui puisse vous guider dans votre travail.

— C'est vrai. Vous n'en connaîtriez pas un qui habite la même ville que moi, par hasard?

— Hélas, non. Mais je crois comprendre pourquoi vous éprouvez ce besoin. En Allemagne, ce système de tutelle existe déjà. C'est un principe selon lequel les jeunes gens travaillent sous la direction d'un aîné pendant plusieurs années avant qu'on leur reconnaisse les qualifications requises. C'est un excellent entraînement. Mais je n'ignore pas que ce genre de «guilde» n'existe pas ici et que chacun doit développer tout seul son propre système d'entraînement. Mais cela vous sera peut-être utile de savoir que vous avez déjà un mentor : *vous-même!*

Oui, vous, poursuivit-elle. Vous êtes votre propre aîné par rapport à la vision antérieure que vous avez de vous-même. C'est à la lumière de vos précédentes décisions et des résultats qui en ont découlé que vous pouvez apprendre; et bien plus encore que quiconque ne pourrait vous enseigner. Vos plus mauvais résultats vous feront reconnaître ce qu'il faut éviter de faire et vos succès vous apprendront ce qu'il faut faire.

Le visage du jeune homme pâlit au souvenir de ses anciens échecs.

Ingrid approcha la lanterne près d'eux et lui dit :

— Ne vous jugez pas trop durement; souriez donc!

Le jeune homme s'exécuta.

— Contentez-vous de porter votre regard sur vos résultats passés et laissez-les vous éclairer. Ils sont votre meilleur guide. Où en êtes-vous avec la carte? demanda-t-elle.

— Jusqu'à présent, je me suis posé les deux premières questions relatives à la question d'ordre pratique : *«Vais-je au-devant de mon véritable besoin? Suis-je informé de toutes les options? Vais-je au bout de ma réflexion?*

— Voulez-vous que nous discutions de la troisième : *« Vais-je au bout de ma réflexion?»*.

— Oui, dit le jeune homme.

Il pensa à sa décision et se rendit rapidement compte qu'il était rarement allé jusqu'au bout de sa réflexion.

— Vous souvenez-vous, lorsque vous nous avez raconté comment le guide avait évité la morsure d'un serpent? demanda Ingrid.

— Oui, et cela s'est passé en quelques secondes; comment a-t-il fait?

— C'est que le guide y avait déjà pensé auparavant, expliqua-t-elle. Avant même de commencer la *Randonnée*, il s'était demandé : «Comment réagir si je rencontre un serpent, si je suis pris sous une chute de pierres ou si une saillie s'écroule? Que dois-je faire?» En fait, il avait déjà pensé à la place qu'il devait tenir et nous pouvons en faire tout autant. C'est seulement lorsqu'on est allé au bout de sa réflexion, qu'on peut prétendre être prêt. C'est le cas du joueur d'échecs qui prévoit toujours plusieurs coups à l'avance.

— Comment apprendre cette méthode?

— En imaginant une situation quelconque et en se

demandant : «*Que peut-il arriver maintenant? Et après? Et après?*» jusqu'au moment où on arrive au bout de ses suppositions. Vous et moi progressons dans le monde des affaires et de la vie et, de ce fait, nous devons toujours être vigilants, conscients des dangers qui nous guettent, expliqua Ingrid.

— Ainsi, les serpents et les rochers peuvent être sur notre route, ils ne nous empêcheront pas pour autant d'avancer aussi longtemps que nous prévoirons leur existence.

— Oui. Et je crois que le fait de se dire : «*Et puis? Et puis?*» nous aide vraiment à aller au fond des choses, au bout de notre pensée et d'obtenir ainsi les résultats recherchés.

— En résumé, avant de prendre une décision, je peux envisager chacune des options et me demander : «*Qu'arrivera-t-il après? Et puis? Et puis?*»

— Oui. Vous devez imaginer dans le détail ce qui arriverait si vous mettiez en pratique la décision que vous auriez prise en fonction de chacune de ces options.

Un moment silencieux, le jeune homme se demanda : «Donc, si je mets en application ma décision initiale, que va-t-il se passer?» C'est ainsi qu'il réalisa qu'il n'obtiendrait pas les résultats escomptés et il comprit qu'il devait prendre une meilleure décision. Il décida d'envisager une option différente et de l'étudier à fond. Confusément, il sentait que c'était par ce biais qu'il pourrait atteindre son but.

— Pourriez-vous me donner un exemple? demanda-t-il.

— Certainement. En voulez-vous un d'intérêt général ou d'ordre privé?

— Les deux, si possible.

— Eh bien voici : l'industrie automobile américaine commença à décliner quand le prix du pétrole monta en flèche et que les gens prirent plus conscience de leur environnement. De nombreux responsables de l'industrie n'avaient pas poussé leurs idées assez loin. Leur unique objectif étant de réaliser des bénéfices, ils construisirent davantage de voitures et toujours plus puissantes. Ainsi, lorsque la demande de voitures plus économiques se fit sentir, ils mirent sur le marché un produit médiocre, étant bien assurés que c'était là le meilleur moyen de réorienter le choix de leur clientèle vers les grosses voitures qu'ils construisaient depuis toujours. Mais il y avait une chose qu'ils n'avaient pas prévue.

Ils ne s'étaient pas interrogés sur ce qui se passerait s'ils ne répondaient pas à la demande. *Que se passerait-il alors? Et puis? Et puis?* Parce qu'ils n'étaient pas allés au bout de leur réflexion, ils permirent à d'autres constructeurs de prendre une grande part de leur marché en produisant des petites voitures de grande qualité; et c'est ainsi qu'ils favorisèrent l'entrée de constructeurs étrangers aux États-Unis. Dès qu'il eut pris connaissance de ces nouveaux produits, le public se détourna de la production américaine - pour une bonne part de manière définitive - au profit de la production étrangère.

Avec le temps, ces industries étrangères renforcèrent leur pouvoir de vente, assirent leur image et leur réputation et même installèrent des usines. Toutes ces infrastructures mises en place, ces concurrents devenaient une puissance industrielle considérable au cœur même des États-Unis. C'est ainsi que le marché de l'automobile américain s'effondra et que de nombreux travailleurs perdirent leur emploi.

En résumé, si les dirigeants américains étaient allés au bout de leur réflexion, ils auraient probablement été en mesure de répondre à une demande pressante en produisant de petites voitures de bonne qualité. Certains se sont mis à la page, mais ils ont malheureusement beaucoup de retard à rattraper.

— Voilà aussi un exemple qui permet de constater qu'il faut moins de temps pour créer le vide et se poser les questions nécessaires à une prise de décision, que de tenter, plus tard, de corriger une situation difficile engendrée par une mauvaise décision.

— Oui, approuva Ingrid. Et c'est pourquoi il est si important d'avoir, au sein d'une organisation, le plus de personnes possible qui se posent ce genre de questions avant de prendre une décision pouvant affecter cette même organisation.

«Si ce système fonctionne si bien, peut-être pourrai-je l'introduire dans ma société», se dit le jeune homme.

— Je vais maintenant vous donner un exemple d'ordre privé : nous avions besoin d'embaucher quelqu'un pour diriger notre bureau de Paris et, voilà trois ans, au retour de ma première *Randonnée*, mes associés avaient des vues sur une personne en particulier. Nous l'avons donc invitée à déjeuner; néanmoins, au fil de notre conversation, je me demandais si elle possédait vraiment le profil souhaité. Plus tard, après avoir demandé à mes associés de se poser la question qu'on m'avait enseignée au cours de la *Randonnée*, ces derniers se rendirent compte qu'ils avaient failli commettre une grave erreur. Ils réalisaient qu'ils n'étaient pas vraiment allés au bout de leur réflexion : ils avaient bien quelques réserves à propos de la candidate, mais ils refusaient de l'admettre en eux-mêmes et, de ce fait, ils se fourvoyaient complètement. Ce qu'ils souhaitaient, c'était combler ce poste le plus rapidement possible. Mais lorsqu'ils se sont posé la question : *«Qu'arrivera-t-il après? Et après?»* ils ont compris qu'il faudrait probablement la remplacer au bout de six mois.

C'est en nous concentrant sur nos besoins réels et en prenant connaissance de toutes les options par l'examen d'autres candidatures que nous avons retenu une personne correspondant très exactement à nos besoins.

Depuis, cette personne a largement contribué à l'expansion de notre société et je frémis encore en pensant à la terrible erreur lourde de conséquences que nous aurions pu commettre.

Depuis, c'est un principe que nous mettons en application de façon systématique pour notre plus grand bien. Chacun des associés fait maintenant un usage permanent du «oui» ou «non» dans les prises de décision concernant nos affaires.

Le jeune homme s'empressa de noter :

✔

Pour prendre de meilleures décisions

Je me demande :
« Qu'arrivera-t-il ensuite?
Et après...? Et après...?

Jusqu'à penser que ma décision finale
va me permettre d'obtenir les meilleurs résultats.

✔

Le jeune comprenait que le simple fait de se dire «et après» avait une valeur inestimable.

Il leva les yeux vers le ciel et sembla y voir des nuages noirs. Il remarqua aussi que les autres étaient en train de ramasser du bois pour le feu du lendemain matin qu'ils recouvraient pour le mettre à l'abri de la pluie. Ses compagnons avaient prévu ce qu'il risquait d'arriver et agissaient en conséquence.

Préparer du bois pour le lendemain n'était pas une bien grande affaire, mais il pouvait apprécier la différence que cela ferait pour le jour suivant et il se demanda : «Sur quoi concentrer ma pensée dès maintenant pour obtenir de meilleurs résultats plus tard?»

— Les bons résultats sont comme les papillons, expliqua Ingrid, en les poursuivant vous risquez de vous épuiser et ils vous échapperont.

— Mais alors comment obtenir de meilleurs résultats sans les poursuivre?

— En concentrant vos pensées sur vos besoins réels, en vous informant vous-même sur les différentes options et en les étudiant soigneusement. C'est alors que vous obtiendrez les meilleurs résultats et avec une plus grande facilité.

Le jeune homme repensa encore à la décision qu'il devait prendre. Il commençait vraiment à croire que la seule façon d'obtenir de meilleurs résultats, c'était d'utiliser ce système.

— Savez-vous qui décide si les résultats sont meilleurs ou pas? demanda Ingrid. C'est vous. Car vous évaluez vos résultats en fonction de la manière dont ils satisfont vos besoins. C'est la raison pour laquelle il est très important que vous les définissiez très clairement dès le départ, que vous preniez connaissance de toutes les options et que vous alliez jusqu'au bout de votre réflexion.

Vous est-il arrivé qu'une de vos meilleures décisions vous ait déçu?

— Pas avec mes *meilleures* décisions, répliqua le jeune homme.

— Pensez-y bien, insista Ingrid. Avez-vous déjà regretté quelque chose émanant de vos meilleures décisions?

— Mon seul regret à propos de mes meilleures décisions, c'est de ne pas les avoir prises plus tôt.

— Exactement! Et pourquoi ne les avez-vous pas prises plus tôt?

— Je pense que c'est parce que je n'y avais pas pensé avant.

— Et pourquoi n'y avez-vous pas pensé au bon moment?

— Probablement parce que je ne m'étais pas donné le temps d'y penser.

Ingrid ne dit plus rien.

Le jeune homme se mit à réfléchir.

«Ainsi, c'est la raison pour laquelle il est préférable de se poser les questions au bon moment! Ces questions stimulent ma réflexion sur mes décisions et me conduisent à prendre les bonnes décisions plus tôt!»

Il comprenait qu'il s'était beaucoup trop inquiété du temps qu'il croyait perdre en se posant des questions pour trouver les réponses qu'il recherchait. Mais il comprenait maintenant les paroles de Hiro sur le temps consacré à la réflexion. En réalité, ce temps était, non pas du temps perdu, mais du temps gagné, car il lui permettait de trouver ses réponses plus tôt.

— Pourquoi ne prenons-nous jamais le temps de penser à fond à nos problèmes? demanda-t-il encore.

— C'est souvent parce nous avons une vision à court terme. Notre existence est ponctuée de décisions, aussi, nous ne leur accordons pas toujours l'importance requise au bon moment. Mais nos décisions sont un peu comme des dominos. Le résultat de la première affecte la seconde qui modifie la troisième, etc. C'est pourquoi nous devons toutes les prendre en considération.

Lorsque, devant une décision, vous vous posez la question : «Y ai-je vraiment bien pensé?» vous vous accordez la possibilité d'y repenser le lendemain.

Prenant ces mots au pied de la lettre, le jeune homme remercia Ingrid et se retira. Tout en sirotant un bol de chocolat près de sa tente, il inscrivit ses observations dans son journal en prévoyant de réviser ses notes le lendemain.

Dans le courant de la nuit, le tapotement de la pluie sur sa toile de tente le réveilla. Bien au chaud dans son sac de couchage, il ruminait la décision qu'il avait à prendre. Il alluma sa lampe de poche et nota :

Au bout de la pensée : sommaire

Mes décisions passées sont mes meilleures conseillères. Les examiner de façon réaliste peut m'apprendre à éviter les illusions et à voir la réalité mieux qu'avec l'aide d'un professeur. En considérant les résultats, je ne me juge pas trop durement; je me sens soulagé car, sur le moment, j'ai fait de mon mieux.

Maintenant, j'obtiens de meilleurs résultats car je m'astreins à aller au-devant de mes besoins réels, je m'informe de toutes les options et je poursuis mon raisonnement à fond, de manière à obtenir de meilleurs résultats.

Pour mieux les apprécier, je les confronte à mes besoins réels.

Quels doivent être ces résultats afin de combler mes besoins? Quelles seront les conséquences de ma décision? Et puis? Et puis? Le pire résultat ne serait-il pas consécutif à ma frayeur? Lequel serait le meilleur? Que ferais-je dans le meilleur et le pire des cas? Avec quelle clarté puis-je prévoir les résultats les plus plausibles? Pour moi? Pour les autres? Suis-je vraiment allé au bout de ma pensée?

Je me sers de ma tête pour me poser une question d'ordre pratique :

Vais-je au-devant de mes besoins réels? Suis-je informé de toutes les options? Vais-je au bout de ma pensée?

OUI____ ou NON____

✓

L'autre moitié

Tôt le matin, juste avant le lever du soleil, Le jeune homme alla rejoindre le guide pour prendre son petit déjeuner en sa compagnie. L'orage s'était éloigné durant la nuit mais la terre était encore très humide et ils se retrouvèrent devant un bon feu.

Le guide sirotait son café tout en surveillant les flocons d'avoines qui cuisaient au-dessus des flammes. Il demanda :

— Alors, la première partie du «oui» ou «non» vous a-t-elle permis de prendre de meilleures décisions?

Depuis le début de la randonnée, le jeune homme n'avait cessé de se répéter les trois questions relatives à la question d'ordre pratique.

— En me posant la première des deux questions et en y pensant bien, je crois déjà pouvoir prendre de meilleures décisions; à quoi peut bien me servir la seconde question?

— À une prise de décision encore meilleure. La plupart d'entre nous n'utilisent en général que l'un des deux éléments très importants : soit ils se servent de leur tête, soit ils écoutent leur cœur. Mais ils se servent rarement des deux. C'est ainsi qu'ils prennent des demi-décisions basées sur des demi-vérités.

Notez bien que vous n'avez accompli que la moitié du chemin pour parvenir au sommet de cette montagne. La deuxième moitié du chemin, et vers le sommet, et vers le système, peut s'avérer plus difficile, mais aussi plus valorisante.

— Je voudrais en apprendre plus sur ce sujet; mais auparavant il y a quelque chose que j'aimerais savoir.

Avant d'aller plus loin, je souhaiterais connaître la base de tout le système. En quoi le fait de me poser tant de questions pourrait-il bien m'aider?

— Parce que les questions appellent des réponses. Nous prenons souvent de piètres décisions parce que nous n'avons pas pris la peine de nous poser quelques questions élémentaires.

Le terme «élémentaire» ennuya le jeune homme. Aussi jeune qu'il fût, il avait toujours affiché un certain scepticisme envers les réponses simplistes. Il avait essayé et cela s'était soldé par un échec.

Le guide semblait lire dans ses pensées.

— Alors que vous découvrirez le superbe pouvoir de la simplicité, gardez-vous bien d'être simpliste.

— Je ne suis pas sûr de connaître la différence entre «simple» et «simpliste»

— «Simpliste» est réducteur. Une réponse simpliste est une utopie. «Simple» correspond à nos besoins et rien de plus. C'est pourquoi les meilleures réponses, celles qui donnent le plus aisément de meilleurs résultats, sont invariablement simples. Ce sont en général les plus difficiles à découvrir. Mais une fois découvertes, elles deviennent alors les plus tangibles, les plus évidentes. Souvent, prendre une bonne décision dépend de la vision immédiate de ce qui, plus tard, vous semblera évident.

— Pourrais-je avoir un exemple? demanda le jeune

homme.

— Faire un mauvais investissement en est un. Les gens qui perdent de l'argent dans de mauvais investissements disent souvent : «Si seulement j'avais pris le temps de me renseigner davantage...»

Selon vous, à quoi cela tient-il que nous posions si peu de questions?

— Je suppose que c'est parce que nous ne savons pas toujours lesquelles nous poser. Ou bien nous n'en avons pas envie; nous attendons que les réponses arrivent sans avoir à poser de questions.

L'élève se souvint soudain de Socrate qui aidait ses étudiants à trouver leurs propres réponses en se questionnant eux-mêmes.

— Les questions sont comme des sonnettes d'alarme : elles nous éveillent, ajouta le guide.

— Elles nous éveillent à quoi?

— À la réalité; à ce qui se passe *autour* de nous et *à l'intérieur* de nous. Chaque décision efficiente que nous prenons au cours de notre vie est basée sur la réalité. Malheureusement, nous prenons deux sortes de décisions : les efficientes et celles qui ne le sont pas.

— Quelle est la vraie différence entre les deux?

— Les décisions qui, à terme, se révèlent inefficaces sont celles prises à partir de faux-semblants auxquels nous avons cru un temps; alors que celles qui s'avèrent opérantes sont toujours basées sur une réalité qu'il nous est toujours possible de vérifier. Voilà pourquoi il est toujours utile de se poser des questions : nous pouvons ainsi faire la différence entre l'illusion et la réalité.

— Comment définissez-vous l'illusion?

— Une illusion est un fait fictif auquel nous voulons croire, même si, plus tard, il se révèle faux. Prendre une décision à partir d'un fait fictif revient à construire un château sur des sables mouvants. C'est seulement au bout d'un certain temps qu'on le voit s'effondrer. Entre-temps on ressent une sorte de malaise qu'on essaie de refouler au fond de son cerveau. Vivre dans l'illusion, c'est vivre dans la morosité : nous savons que quelque chose ne va pas mais nous nous efforçons de l'ignorer; nous refusons cette chose en espérant qu'elle disparaîtra, mais en vain. C'est un peu comme un mal de tête chronique qui, durant quelque temps, nous a fait souffrir mais auquel nous sommes maintenant habitués. La douleur est devenue supportable, alors nous la tolérons. Cependant, l'illusion, tout comme la douleur, nous épuise, que nous en soyons conscients ou pas.

Le jeune homme reconnut en lui-même avoir éprouvé ce genre de sensation.

— Alors, que faut-il faire?

— Faire appel à vos propres perceptions, répondit le guide. Peut-être voudriez-vous savoir où nous irons au cours cette seconde étape?

Il se retourna et entraîna son élève. Ils marchèrent durant un quart d'heure, traversèrent une crique, franchirent un petit pont de bois enjambant une gorge qui séparait l'endroit où ils avaient dressé leur campement de la partie plus abrupte de la montagne qu'ils devaient escalader aujourd'hui. Les deux hommes firent encore quelques centaines de pas avant d'atteindre le bord d'une mare peu profonde.

— Regardez cette étendue d'eau et dites-moi ce que vous y voyez, demanda le guide.

Le jeune homme se pencha par-dessus des eaux sombres et calmes.

— Je vois des rochers au fond, dit-il.

— Changez votre optique et dites-moi encore ce que vous voyez.

— Je me vois, dit le jeune homme. Ou, tout au moins, je vois mon reflet.

— En effet. Vous regardez la partie la plus importante de votre décision : vous. Souvent, *Vous* est absent de votre décision. Comme nous tous, vous prenez vos décisions en fonction de votre personnalité - de votre cœur, si vous préférez - que vous en soyez conscient ou pas. Mais si vous voulez, de façon permanente, prendre de meilleures décisions, vous devez franchir plusieurs fois dans les deux sens le pont reliant les deux parties de votre identité : la partie pensante située dans votre tête et la partie qui ressent située dans votre cœur; ce pont représentant la prudence nécessaire pour relier ces deux éléments.

Bientôt, vous allez apprendre à le faire. Contentez-vous de vous poser la question d'ordre privé que vous allez apprendre. Puis, après avoir consulté l'intimité de votre cœur, posez-vous à nouveau la question d'ordre pratique. Ceci fait, vous arriverez à de bien meilleures décisions. Bien plus souvent qu'on croit, la façon la plus rapide d'arriver au bon résultat c'est de contourner l'obstacle qui se trouve sur notre chemin; et, en général, cet obstacle c'est *nous-mêmes*.

— Mais comment peut-on se contourner soi-même? demanda l'élève.

— Grâce à notre détermination.

— Qu'entendez-vous par «détermination»?

— Notre détermination est l'ensemble de nos convictions personnelles et la façon dont nous les mettons en pratique. Notre prise de décision dépend en grande partie des choses auxquelles nous croyons. Ces convictions sont, en fait, des choix que nous avons faits il y a long-temps et qui, à travers notre subconscient, continuent d'influencer nos choix.

Voyant que le jeune homme gardait les yeux fixés au sol, le guide fut conscient de la gêne qu'il venait de susciter.

— Les convictions sont une affaire privée, poursuivit-il; aussi n'avez-vous pas à les partager avec qui que ce soit. Cependant, vous pouvez être amené à les considérer d'un peu plus près.

— Que viennent donc faire mes convictions dans des questions d'ordre pratique?

— Vous devez faire usage des deux parties composant votre personnalité et qui sont les plus importantes car elles affectent grandement votre prise de décision. Les décisions d'ordre pratique sont le reflet de pensées, de sentiments et de convictions que chacun est à même de reconnaître en soi. Elles révèlent clairement votre vision du monde et de vous-même. Vous pouvez reconnaître les convictions de quelqu'un en vous penchant sur ses décisions, de la même façon que cette personne peut découvrir vos opinions à la lumière de vos décisions passées.

L'idée que n'importe qui pouvait connaître ses convictions déplut au jeune homme; néanmoins, il reconnut implicitement le fait. Il nota pour lui-même :

✔

Mes décisions révèlent mes convictions

✔

— J'ai dit qu'il existait deux questions, vous souvenez-vous? demanda le guide. Vous vous êtes posé la question d'ordre pratique concernant *votre* situation. Maintenant, voulez-vous vous poser la question d'ordre privé - celle qui s'adresse à votre cœur - *sur vous-même*, le preneur de décision.

— Une question sur moi?

— Oui. Une question d'ordre privé concernant vos convictions sur : premièrement, votre intégrité, deuxièmement, votre intuition, troisièmement, votre sentiment concernant votre propre valeur.

— Qu'ont-ils à voir avec moi? demanda l'élève sur la défensive.

— Personne ne va vous demander de faire votre examen de conscience, sinon vous seul. Le fait de nous pencher de très près sur notre personnalisé crée en nous un sentiment de malaise; vous ne devez cependant pas vous en inquiéter, cela vous rendra plutôt service.

— Et pourquoi?

— Parce que plus vous êtes conscient de votre personnalité, meilleure sera votre prise de décision.

— Ainsi, résuma le jeune homme, mes questions pratiques m'éclairent sur ma situation et mes questions personnelles m'éveillent à ma personnalité.

— Et heureusement, c'est quand, en parfaite connaissance de cause, vous utilisez votre personnalité dans le contexte de votre situation personnelle, que vous prenez les meilleures décisions.

Si nous allions poursuivre cette conversation devant un bon petit déjeuner, proposa le guide.

Ils prirent donc le chemin du campement où les attendaient du pain grillé et des céréales.

Aussitôt arrivés, les autres randonneurs les convièrent à se joindre à eux afin qu'ils puissent participer à leur discussion. Après qu'on lui eut posé la question, le jeune homme répondit qu'il commençait à réaliser combien ses convictions avaient de l'importance.

— Alors que nous marchions dans l'obscurité, la nuit dernière, il m'est apparu que - de la même façon qu'on allume une lampe pour éclairer son chemin - nos convictions nous éclairent dans nos prises de décisions; le problème est que nous ne sommes pas toujours en mesure de les reconnaître.

— Quelquefois, j'ai le sentiment de prendre mes décisions dans l'obscurité totale.

Le groupe éclata de rire avant que le guide ne commentât :

— Je remarque que vous riez de vos propres erreurs et c'est bien. Plus notre esprit s'éclaire en examinant nos décisions et plus tôt nous parvenons à opter pour la meilleure d'entre elles. Qui donc a dit : «Qui voyage léger voyage plus loin?»

— Probablement un vieux philosophe oriental, suggéra le jeune homme, ce qui fit sourire Hiro.

— Sans aucun doute, surenchérit Ingrid. La plupart des vérités de datent pas d'hier, elles existent depuis des milliers d'années. Même pour nous, elles n'ont rien de nouveau; le fait est que nous avons oublié comment les mettre en pratique. Avouons-le tout net, c'est pour nous retrouver nous-mêmes que nous sommes venus à la *Randonnée*.

— Alors, demanda Frank en s'adressant au jeune homme, pensez-vous encore que tout ceci s'adresse uniquement aux débutants? Hier, vous m'avez affirmé que vous vouliez devenir président de société; peut-être même celle pour laquelle vous travaillez actuellement. S'il en est ainsi, souvenez-vous que lorsqu'un comité choisit un président, il opte rarement pour une personnalité dirigiste, pleine de bon sens et bardée de diplômes, il commence plutôt par rechercher les qualités fondamentales de l'individu.

— Et quelles sont-elles? demanda le jeune homme.

— Le comité se pose cette question : «Cette personne a-t-elle la personnalité pour occuper ce poste?»

— Pourquoi s'attacher à la personnalité? voulut savoir le jeune homme.

Frank, faisant lui-même partie d'un conseil d'administration, expliqua :

— Parce que, plus souvent qu'à son tour, c'est l'individu qui a de la personnalité qui prend les meilleures décisions, particulièrement lorsqu'il fait preuve d'intégrité, d'intuition et de perspicacité.

— Pourquoi ces trois traits de caractère en particulier?

— Intégrité, parce que les personnes qui en font preuve ne se fourvoient pas en jugeant d'une situation. Elles évitent les aberrations et vont directement et rapidement au cœur du problème.

Intuition, parce que ceux qui ont appris à s'y fier, n'ont pas besoin des autres pour prendre des décisions difficiles. Elles comptent sur elles-mêmes et le conseil d'administration peut compter sur eux.

Et enfin perspicacité, parce que ces personnes pourraient, sans le savoir, anéantir leurs propres efforts et c'est la société qui les emploie qui en ferait les frais.

Lorsque le conseil d'administration découvre un tel personnage, il l'engage aussitôt et le paie cher; car il n'ignore pas, qu'en retour, cette personne le lui rendra au centuple.

— Je crois que j'aimerais bien connaître cette question d'ordre privé concernant la personnalité, annonça le jeune homme.

Le groupe se mit à rire mais Frank alla droit au but.

— La question d'ordre privé que vous devez vous poser est : «*Est-ce que ma décision montre que je suis honnête envers moi-même, que je fais confiance à mon intuition et que je mérite mieux?*»

Le jeune homme était surpris. Il percevait nettement l'importance de ce qu'il était en train d'apprendre et il se dit qu'il allait réfléchir bien plus encore.

— Puisque que vous avez pris connaissance de tout cela, dit le guide, il est temps de lever le camp et de reprendre notre escalade.

✓

Mon intégrité

Plus tard dans la matinée, le jeune homme remarqua Angela Cuvero, une ravissante jeune Brésilienne, qui, durant la pause, était restée près d'un cours d'eau. Elle accompagnait son père, Santo Cuvero, un industriel réputé. Il les salua courtoisement puis, s'adressant à la jeune fille, il demanda :

— J'ai remarqué que plusieurs personnes sont, à maintes reprises, venues vous poser des questions; puis-je savoir pourquoi, Angela?

— C'est parce que l'an dernier, pendant que je participais à ma première randonnée, j'avais de nombreux problèmes. Tout le monde a donc voulu savoir si je me suis servie de la carte pour prendre mes décisions et si cela avait bien fonctionné.

— Et alors?

— Je l'ai fait. Je m'en suis beaucoup servie et cela m'a beaucoup aidée.

— Quel genre de difficultés éprouviez-vous?

— Des problèmes répondit laconiquement Angela. Mais je ne tiens pas à en parler.

Le jeune homme comprit qu'elle n'avait pas envie de faire étalage de sa vie privée pour susciter de la compassion; elle semblait plutôt intéressée à trouver des réponses.

— Je comprends, dit-il. Je n'en ai parlé à personne, mais j'ai moi aussi des problèmes. Dans mon travail et dans ma famille. Et j'ai malheureusement le sentiment qu'il n'y a pas grand remède.

— De qui vous moquez-vous? demanda abruptement la jeune fille.

Il resta soudain figé, ne sachant que dire. Elle se mit à rire.

— Rassurez-vous, je mourais d'envie de redire à quelqu'un ce qu'on m'a dit il y a un an.

— Je ne cherche à me moquer de personne, protesta-t-il.

— Vraiment? Êtes-vous vraiment sûr de ne vous moquer de personne en ce moment?

Le jeune homme devina enfin ce que son interlocutrice voulait lui faire comprendre : c'était de lui-même qu'il se moquait mais il n'en comprenait pas les raisons.

— Pourquoi dites-vous cela? demanda-t-il.

— J'en étais là moi aussi, l'an passé. J'ai appris que la majorité de nos problèmes était dus au fait que nous nous leurrions nous-mêmes.

— Que s'est-il passé l'an dernier?

— On m'a enseigné la vérité, la réalité, l'intégrité et l'honnêteté. Au début, cela a semé la confusion dans mes idées; cependant, on m'a beaucoup aidée à faire la lumière dans mon esprit, par la suite.

— Je vous avouerai que je ne détesterais pas non plus en avoir une définition plus claire.

— Eh bien, la façon que l'on m'a enseignée me permet de mettre très simplement en pratique ces principes dans ma vie de tous les jours.

La réalité est ce qui est vrai et la vérité est la

description fidèle de cette réalité. L'intégrité, c'est le fait de se dire la vérité à soi-même, alors que l'honnêteté consiste à dire la vérité aux autres. Je rassemble maintenant tous ces éléments pour m'en servir à analyser mes actes et mes pensées. Je prends conscience de mes choix et de leurs conséquences et cela me permet de ne leurrer personne : ni moi, ni les autres; c'est ainsi que les choses commencent à évoluer dans le sens de mes intérêts réels. Avec quel étonnement je me suis aperçue que tout devenait d'un seul coup plus facile!

— Dites-moi donc, comment avez-vous appris à regarder la réalité en face? demanda le jeune randonneur en souriant.

— C'est très simple. Tout le monde m'a conseillé d'utiliser la question d'ordre privé de la carte : « *Est-ce que ma décision montre que je suis honnête envers moi-même, que je fais confiance à mon intuition et que je mérite mieux?*» en mettant l'accent sur la première partie : «*Est-ce que je suis honnête envers moi-même?*». Même après que j'eus formulé certains doutes, on a insisté pour que je me répète constamment cette question comme un leitmotiv.

Ensuite, poursuivit-elle, plusieurs adultes m'ont cité des exemples de cas où ils s'étaient rendus compte trop tard qu'ils s'étaient dupés eux-mêmes.

— Cela vous a-t-il surprise?

— Eh bien, oui. Comme les adultes m'ont souvent répété que je me leurrais, j'étais persuadée que cela ne leur arrivait jamais.

— Peut-être ont-ils voulu que vous tiriez des enseignements de leurs erreurs.

— Je le crois, en effet. On dirait que la vérité effraie la plupart d'entre nous. Nous semblons croire qu'en nous cachant la vérité nous sommes en sécurité ou du moins, nous sentons-nous plus à l'aise.

— Mais, en fait, nous ne nous sentons pas vraiment en sécurité, n'est-ce pas?

— Bien au contraire, approuva la jeune femme. Plus nous nous cachons la vérité et plus elle nous fait peur. Pour une raison que j'ignore, vous-même semblez être effrayé par la vérité.

— Comment le savez-vous? rétorqua-t-il.

— Comme je vous l'ai dit, répondit Angela, je suis passée par où vous êtes actuellement. Lorsque quelqu'un me disait une vérité, je devenais furieuse; en particulier quand c'étaient mes parents. Je me sentais menacée et je voulais m'enfuir. Par la suite, j'ai découvert que ma colère n'était que l'expression de ma peur. À l'époque, j'ignorais que m'avouer la vérité - devenir intègre - allait devenir un véritable besoin pour moi. Tout ce que je savais, c'était que je *devais* le faire.

— Et nous n'aimons pas ce que nous *devons* faire, n'est-ce pas? Nous n'aimons que ce que nous *voulons* faire.

— C'est vrai, dit la jeune fille. J'ai donc commencé à penser à ce que je voulais secrètement et je me suis demandé : «*Aimerais-je que mes parents et mes amis l'apprennent par les journaux?*»

En entendant la conversation des jeunes gens, le guide et les autres randonneurs les invitèrent à se joindre à eux, ce qu'ils firent volontiers.

— Je crains de ne pas toujours avoir fait preuve d'une parfaite honnêteté vis-à-vis des gens avec lesquels je travaille, pas plus qu'avec ma famille, d'ailleurs, avoua le jeune homme.

— J'ai appris, quant à moi, qu'en étant honnête envers moi-même, il m'était plus facile de l'être envers autrui, intervint Ingrid.

— Mais comment faites-vous pour découvrir la vérité? demanda encore le jeune homme.

— J'ai découvert que la façon la plus rapide de découvrir la vérité, c'est de réfléchir à ce que je crois qu'elle est - ou à ce que je voudrais qu'elle soit puisque je pense que c'est celle qui me convient le mieux - et de penser à son contraire. C'est ainsi que je parviens à la découvrir; l'illusion étant toujours plus évidente et plus attirante que la vérité.

— Je procède aussi de cette manière, dit Angela. C'est un peu comme cette publicité à la télévision qui montre un mécanicien en train d'ajouter de l'huile à un moteur et qui dit : «Vous pouvez dépenser un peu maintenant...» puis, un autre plan montre le moteur sur une poulie et il ajoute : «... ou beaucoup d'argent, plus tard».

— Ainsi, dans votre exemple, commenta le jeune homme, l'illusion consiste à croire que vous pouvez rouler sans perdre temps et argent à mettre de l'huile dans votre moteur puisqu'il semble fonctionner convenablement, alors qu'en réalité, il est prêt à tomber en panne d'un moment à l'autre. La réalité est donc, dans ce cas, le contraire de l'illusion; si vous voulez que votre moteur ne vous lâche pas, mettez-y de l'huile, que cela vous plaise ou non.

— Oui, dit Frank, et il n'est pas nécessaire de savoir si vous en avez vraiment besoin. La réalité reste la réalité, quoi que vous en pensiez.

— C'est un peu comme avant Galilée, quand les gens étaient persuadés que la Terre était plate; peu importaient leurs croyances, elle était effectivement ronde, expliqua Hiro.

— Si j'ai bien compris, dit le jeune homme, nos croyances ne font pas la vérité pour autant; elles ne font que nous induire en erreur. La base de nos décisions consiste donc à découvrir la vérité et à être honnêtes envers nous-mêmes.

Tout le monde adressa un sourire entendu au jeune homme et quelques-uns applaudirent. Angela sourit aussi. Un peu embarrassé mais encouragé quand même, il poursuivit :

— Le guide a fait mention, un peu plus tôt, du fait que nos pires décisions étaient échafaudées sur des illusions. Je dois reconnaître qu'en regardant en arrière, je peux voir les points sur lesquels je me suis fourvoyé. Mais j'aimerais savoir comment déceler les utopies au bon moment. Ordinairement, ce sont les autres qui décèlent nos erreurs, et bien plus vite que nous, qui plus est.

— Oui, dit Angela, et la réciproque est vraie aussi. Par conséquent, à qui vous fieriez-vous pour découvrir vos erreurs?

— Aux gens qui s'intéressent à moi, peut-être.

— Précisément, approuva la jeune fille. L'an dernier, j'ai eu l'occasion de demander à mes amis ce qu'ils pensaient de mes décisions. Et que n'ai-je entendu! De manières différentes, certes, mais on m'a répété mille fois la même chose. Devant cette unanimité, j'ai décidé de changer de comportement.

Le jeune randonneur allait demander ce qu'on avait dit à Angela mais Frank l'en empêcha par une question :

— Quelle part de vous-même s'accroche à une illusion à laquelle vous croyez?

— Mon ego, peut-être, s'interrogea à haute voix le jeune homme.

Personne ne souffla mot.

Le jeune homme se mit à rire car il avait compris leur tactique : en ne disant rien, le groupe lui laissait la possibilité de réfléchir. Il avoua :

— Mon ego repose sur des illusions.

— Bien, dit Frank. Si vous prenez conscience que votre ego repose sur des illusions, comment pouvez-vous prendre de meilleures - j'entends par là plus réalistes - décisions?

— Je pourrai en faire abstraction pendant un moment et questionner mon entourage.

— Et comment saurez-vous si les observations des autres sont vraies?

— Je commencerai par les écouter attentivement. Je vérifierai ensuite leurs dires à partir de mes propres expériences et je verrai plus tard comment leurs impressions peuvent m'aider à reconnaître la vérité par moi-même.

— Si vous arrivez à ce résultat, sanctionna Frank, ce sera très bien.

— Pouvez-vous me donner un exemple dans le domaine des affaires? demanda encore le jeune homme

— Préférez-vous un exemple américain ou un exemple européen? proposa Ingrid.

— Je prendrai l'américain.

— Parfait. Depuis des années, une société pionnière dans le domaine de la photocopie croyait détenir la suprématie et le monopole, attendu qu'elle produisait d'excellentes machines. Néanmoins, les administrateurs se rendirent compte que sa part du marché s'amenuisait chaque année un peu plus. Quand un responsable avisé décida de faire un test de comparaison avec la concurrence, on découvrit que les fabricants rivaux produisaient de meilleures machines à moindre prix.

— Que fit la compagnie américaine?

— Après ce constat, elle décida de prodiguer tous les efforts nécessaires pour regagner le marché en offrant à sa clientèle le produit de haute qualité dont elle avait besoin.

— Oui, je me rappelle, maintenant; ces gens-là ont gagné le Baldrige Award, grand prix de la qualité.

— C'est cela même, acquiesça Ingrid. Et mieux encore, ils développèrent leur marché, les finances de la société s'assainirent et les emplois devinrent stables. Tout comme pour eux, notre défi est de détecter la vérité. Ceci fait, notre décision est claire car tout devient évident.

— Plus nous savons voir la vérité, ajouta Frank et plus notre aptitude à prendre de bonnes décisions se développe.

— Pourriez-vous me donner un autre exemple qui ne concerne pas les affaires?

Santo Cuvero, le père d'Angela, répondit :

— Oui. Mais en tant qu'Américain vous risquez de vous sentir mal à l'aise, tout comme vos compatriotes qui, sur le moment, ont cru à leurs illusions.

En 1980 donc, de nombreux Américains affichaient un très grand optimisme à propos d'eux-mêmes, de leur pays et de leur économie, au moment même où leur dette extérieure grandissait et qu'ils vendaient leurs plus grandes valeurs immobilières et leurs usines pour continuer à subvenir à leurs besoins et maintenir leur niveau de vie; c'était un peu comme s'ils incendiaient leur maison pour avoir chaud. Avant qu'ils eussent le temps de s'en rendre compte, les plus grandes affaires se trouvaient aux mains des étrangers.

— Comment peut-on à la fois prendre de mauvaises décisions et se sentir soulagé? questionna le jeune homme.

— Après la récession, les dirigeants y ont largement contribué. Ils ont répandu l'idée que le pays était en pleine prospérité car c'était ce que le peuple voulait entendre. L'illusion opéra. Cependant, la réalité économique montrait une Amérique qui était passée de l'état de plus grand créditeur à celui de plus grand débiteur mondial. Le plus étonnant de tout, c'est que ce phénomène n'a mis que dix ans à se réaliser.

Mais l'Amérique n'est pas le seul pays dans cette situation; bien d'autres pays sont tombés dans le même piège. L'ancienne Union Soviétique, par exemple, a cru pouvoir dépenser des sommes gigantesques dans des technologies de pointe plutôt que de subvenir aux besoins de la population. Il est maintenant clair que son économie, au même titre que toutes ses structures sociales, s'est effondrée sous le poids d'une colossale illusion. Conscients ou pas, nous devons admettre que les illusions nous conduisent invariablement vers les difficultés. Les Américains et les habitants des anciens états soviétiques peuvent encore redresser la situation, tout comme vous et moi pouvons nous réveiller après avoir passé une partie de notre vie à rêver. Mais il faudra en payer le prix.

Le jeune homme se mit à parler des problèmes qu'avaient connus les institutions financières à la fin des années 80 et au début des années 90.

— J'ai lu quelque part que, si les problèmes avaient été examinés dès les premiers symptômes, le remède aurait coûté infiniment moins qu'il ne coûte maintenant. Je comprends très bien qu'avoir attendu dix ans coûtera bien plus que dix fois plus cher aux contribuables. Mais pourquoi ont-ils tant tardé à prendre des décisions?

— *Ils?* intervint un randonneur. Nous n'aimons pas le reconnaître mais *nous* sommes le public. *Nous* avons opté pour l'illusion et avons repeint la façade d'une maison rongée par les termites. Les décisions de nos représentants ne sont que le reflet de nos propres attentes. Il nous faut tous apprendre très vite à faire de meilleurs choix ou nous paierons tous le prix fort. Nous n'avons rien à attendre de nos dirigeants.

— Et le temps est un facteur essentiel, ajouta Frank. Le moment où nous prenons nos décisions est aussi important que la décision elle-même. Par les temps qui courent, il nous faut prendre nos décisions le plus vite possible.

— Lorsque, lors de nos randonnées, nous traversons un pont de glace, il est évident que nous devons faire vite car l'effet du soleil peut accentuer la précarité du passage, dit Hiro. Nous devons agir vite, sans attendre que la situation n'empire car, que nous le voulions ou pas, les rayons du soleil *font* fondre la glace. Quelle que soit notre perception des choses, elle ne change rien à la réalité qui, une fois perçue, nous contraint à agir vite et bien.

— Vivre dans l'illusion, c'est faire comme l'autruche qui cache sa tête dans le sable. En nous voilant la face, nous ne voyons plus la réalité qui, pourtant, est bel et bien présente, ajouta quelqu'un.

Angela Cuvero prit à nouveau la parole :

— L'an dernier quelqu'un m'a montré une astuce pour assimiler cette notion de façon définitive et je l'ai notée.

La jeune fille sortit de son sac une feuille de papier pliée qu'elle tendit à l'élève. Il lut :

✔

Plus tôt je vois la vérité,
plus vite je prends une meilleure décision.

✔

Il rendit ensuite la feuille de papier à Angela et décida de rédiger une note dans son carnet. Maintenant, il comprenait que de se poser la question : «oui» ou «non» l'aiderait à reconnaître la vérité.

Un des randonneurs annonça :

— Nous devons nous poser la question : «Cherchons-nous la vérité ou l'évitons-nous?»

— Nous devons toujours lui faire face, répondit Frank, quels qu'en soient les inconvénients, qu'elle nous plaise ou non. Elle est la base de nos décisions car nos meilleures actions reposent sur la vérité. Sinon, tôt ou tard, quelque chose en nous s'effondrera.

— Je me rappelle une importante pensée de Buckminster Fuller qui disait : *«L'intégrité est l'essence même du succès»*, dit le jeune homme qui semblait décidé à mettre en application ce principe.

Il sentait en effet naître en lui un besoin de vérité, de la chercher, de la reconnaître, de s'y fier bien plus que par le passé. Les conversations s'éteignaient et il avait envie de se poser une foule de questions qui le concernaient.

Il passa le reste de la matinée à progresser avec une partie du groupe vers le sommet de la montagne, jouissant du paysage et pensant à tout ce qu'il avait à retenir. Un peu plus tard, il revit tout ce qu'il avait appris dans la journée sur son intégrité et inscrivit :

Mon intégrité : sommaire

Mes plus mauvaises décisions sont fondées sur les illusions auxquelles j'ai cru durant un temps. La meilleure est celle qui est basée sur une réalité que j'ai reconnue à temps. Plus tôt je découvre la vérité, plus vite je prends une meilleure décision. Pour découvrir la vérité, il faut la chercher.

La meilleure décision est celle qui repose sur une réponse simple et évidente.

Pour trouver la vérité, je recherche l'illusion à laquelle je veux croire mais sur laquelle je ne peux pas compter.

Nous voyons plus aisément les fautes d'autrui et réciproquement. Je fais donc abstraction de mon ego et je m'enquiers de l'opinion des autres dont je prends bonne note et que j'étudie avec soin avant de la tenir pour acquise.

Ai-je examiné attentivement mes décisions passées pour en tirer les enseignements utiles? Ai-je réellement observé ce qui se passe en moi et autour de moi? Ai-je reconnu l'évidence? Puis-je voir la vérité?

Je consulte mon cœur en me posant une question d'ordre privé :

Suis-je honnête envers moi-même en prenant une décision? Est-ce que je fais confiance à mon intuition? Est-ce que je ne mérite pas mieux?

OUI____ ou NON____

✓

Mon intuition

Samedi après-midi

À midi, au moment du repas, le jeune homme se mit à la recherche de Peter Golden, un jeune et dynamique directeur de publicité, dont l'allure détendue lui laissait croire qu'il pouvait apprendre des choses utiles. Il le trouva assis tout seul sur un gros rocher surplombant une gorge. En apercevant le nouvel élève, Peter lui fit signe de s'approcher.

— Ainsi, vous êtes ici pour réfléchir à vos décisions, commença-t-il. Avez-vous commencé à vous servir de la carte?

— Oui, pour les décisions que je dois prendre. Jusqu'à présent, je me suis posé la question d'ordre pratique ainsi que la première partie de la question d'ordre privé.

Tout en continuant de manger, Peter demanda :

— Cela vous aiderait-il de vous poser la question : *«Est-ce que je fais confiance à mon intuition?»*

Aussitôt, le jeune homme se remit à penser à sa décision et tenta de discerner les sentiments qu'elle lui inspirait.

— Ce qui pourrait vous aider, suggéra Peter, c'est de vous interroger sur les sentiments que vous inspire *la manière* de prendre vos décisions.

Voilà un point sur lequel le jeune homme ne s'était pas du tout penché; pas plus qu'il ne connaissait ses véritables sentiments à propos de sa décision.

— Que voulez-vous dire par «le sentiment que m'inspire *la manière* de prendre mes décisions?» demanda-t-il.

— Demandez-vous, par exemple, «Suis-je calme ou anxieux? Paralysé ou confiant? Épuisé ou plein d'énergie?» C'est la nature de cette réponse qui valide votre décision. Si vous ressentez un malaise dans vos prises de décision, c'est que vous devez probablement changer de décision, expliquait Peter. Lors de votre prise de décision, demandez-vous si vous avez tenu compte de l'opinion d'autrui, de vos propres sentiments - votre intuition - ou mieux encore, de votre *meilleure* intuition.

— Je ne suis pas sûr de comprendre ce que vous voulez dire par «intuition» et encore moins par «meilleure intuition».

— Votre intuition est votre connaissance inconsciente reposant sur des expériences personnelles. C'est ce que *vous* pensez être bon pour *vous*.

— Que voulez-vous dire par là?

— Lors d'une prise de décision particulière, comme celle à laquelle vous songez depuis le début de la randonnée, que ressentez-vous? De la sérénité ou de la tension? Un sentiment d'effort ou de facilité? De peur ou d'enthousiasme? Bref, comment vous sentez-vous face à cette décision? Et quels sont vos sentiments sur l'issue probable de votre décision?

— Je crains fort que mon intuition - ou du moins mes facultés de prédiction - ne me laisse entrevoir rien de bon.

— Peut-être sera-t-elle meilleure que ce que vous

croyez et qu'il vous faut seulement développer un peu plus votre intuition, encouragea Peter. Apprendre nécessite souvent du temps mais les résultats ont une valeur inestimable, aussi bien dans vos affaires que dans votre vie personnelle.

— Comment développer mon intuition? voulut savoir le jeune homme.

— Vous pouvez commencer par vous rappeler la manière dont vous avez pris vos décisions passées; souvenez-vous de ce que vous ressentiez à l'époque où vous preniez une décision. Puis examinez les *conséquences*.

Vous pouvez établir une relation entre ces sentiments et ces conséquences. Cette observation personnelle vous indiquera comment vos sentiments du moment peuvent prédire les résultats.

Chaque fois que vous vous êtes senti embarrassé en prenant une décision, anxieux, par exemple, quels ont été vos résultats?

— Assez médiocres, en général, reconnut le jeune homme.

— J'ai vécu les mêmes expériences, moi aussi. Le résultat de mes décisions a toujours été à l'image des sentiments que j'éprouvais au moment où je les ai prises. Lorsque vous faites appel à votre intuition, il est important que vous analysiez vos sentiments *au moment* de la prise de décision.

Si cela vous demande beaucoup d'efforts, il est probable que vous cherchez à forcer les choses et vous obtiendrez invariablement de pauvres résultats.

Si, au contraire, en vous posant les questions adéquates, vous vous sentez serein, vous pouvez alors prendre une décision basée sur une vérité que vous avez identifiée et les résultats en seront infiniment meilleurs.

En faisant un retour sur son passé et sur les décisions qu'il avait prises alors, le jeune homme réalisa que ces observations s'appliquaient aussi à lui.

— Comment faire pour prendre mes décisions avec moins d'efforts et d'anxiété? demanda-t-il.

— Comme la plupart des gens de mon milieu de travail, j'avais l'habitude d'être une boule de nerfs, jusqu'au moment où j'ai appris à développer mon intuition et à m'y fier.

— Et comment avez-vous fait?

— J'ai commencé par comprendre que mes sentiments sont un guide personnel, une sorte de mentor interne qui infléchit mon jugement. J'ai décidé de l'écouter et de me fier à mon intuition directrice.

— Je crois que Einstein a dit : «L'intuition est la chose vraiment importante».

— Et il avait raison, ponctua Peter. Rappelez-vous que l'intuition n'inclut pas seulement ce que vous ressentez à propos d'une décision, mais aussi ce que vous ressentez sur la manière dont vous arrivez à cette même décision.

— Finalement, dit le jeune homme, je crois que je suis anxieux parce que j'ai une décision difficile à prendre.

— Ou, du moins, le croyez-vous. Vous faites peut-être trop intervenir votre propre personnalité. Une forte personnalité vous donne confiance aussi longtemps que vous ne devenez pas égocentrique au point de vous placer au centre de vos décisions. Tout comme notre Terre ne se trouve pas au centre de notre galaxie, vous ne devez pas vous placer au centre de vos décisions. L'égocentrisme complique les situations; elles peuvent être complexes, bien sûr, mais vous seul êtes responsable de cette complication.

— Quelle est la différence entre «complexes» et «compliquées»?

— «Complexes» signifie qu'elles se décomposent en plusieurs parties, alors que «compliquées» veut dire que vous êtes incapable d'en discerner les composantes.

Si vous considérez une situation comme compliquée, vous avez perdu la partie d'avance, dit Peter. Par contre, si vous en reconnaissez la complexité et en analysez les différentes composantes, vous découvrirez des réponses simples et tangibles. Faites-en la synthèse et vous trouverez la solution.

Le sentiment de peur semble compliqué jusqu'au moment où on parvient à l'isoler. Citez-moi un exemple de quelque chose dont vous avez peur.

— J'ai peur de l'avion, avoua le jeune homme.

— Considérez le phénomène avec soin. Avez-vous peur de l'avion ou d'avoir un accident d'avion?

— De l'accident, bien sûr!

— Naturellement. Nous avons toujours peur du futur. Ce n'est pas de nous trouver sur une crête étroite qui nous effraie; c'est d'en tomber. Il s'agit quelquefois d'un futur immédiat.

Les deux hommes sourirent.

— Voilà, poursuivit Peter. Lorsque nous pouvons reconnaître honnêtement notre peur et en sourire, c'est que nos faisons des progrès. Pensez aux décisions qui vous inquiétaient. Examinez maintenant les décisions basées sur la peur, l'insécurité, l'anxiété, la colère, la rancune et le chagrin - toutes ces émotions qui ne sont que les divers visages d'un même sentiment : la peur.

Peter s'interrompit, permettant ainsi au jeune homme de repenser aux décisions qu'il avait prises sous l'empire de la peur. Un peu plus tard, il demanda :

— Alors? Quels furent ces résultats?

Le jeune homme se contenta de hocher la tête d'un air entendu.

— Vous n'êtes pas le seul, le rassura Peter. Connaissez-vous quelqu'un qui s'est engagé avec angoisse dans une affaire ou dans sa vie personnelle sans regretter par la suite sa prise de décision?

— Non, je n'en connais pas. Je me souviens du mariage de mon meilleur ami. Il n'était pas certain d'aimer sa fiancée; cependant, il l'a quand même épousée car il craignait en la perdant, de ne jamais retrouver quelqu'un d'aussi convenable.

— Et comment cela s'est-il terminé?

— Par un divorce.

— J'en suis désolé, dit Peter. Malheureusement, ce ne sont que les résultats trop prévisibles d'une décision prise sous l'empire de la peur. Nous sommes tous en permanence effrayés; l'essentiel, c'est que cette frayeur n'intervienne pas dans nos décisions. Une bonne chose à faire, c'est de se poser la question : «Que déciderais-je si je n'avais pas peur?» et ensuite de le faire.

Que pensez-vous qu'il se serait passé si, par exemple, votre ami avait pu passer outre ses craintes de ne pas trouver une autre fille à marier?

— Il aurait probablement rompu avec sa fiancée et aurait certainement trouvé quelqu'un qui lui correspondait mieux. Compte tenu de l'issue du mariage, c'est ce qu'il aurait dû faire; mais il n'a vraisemblablement pas pris le temps de se demander ce qu'il ferait s'il n'éprouvait pas de craintes.

— Vraisemblablement pas, en effet, ponctua Peter.

Le jeune homme s'empressa d'analyser sa prise de décision en faisant abstraction de ses angoisses et il sentit qu'il pouvait encore l'améliorer.

— Essayez de penser à une des meilleures décisions que vous avez prises par le passé, suggéra Peter.

L'élève repassa en revue ses décisions passées et se souvint d'une des meilleures.

— Alors? Étiez-vous effrayé au moment où vous l'avez prise?

— Non, pas du tout.

— Comprenez-vous maintenant la relation directe entre vos sentiments d'alors et les résultats obtenus? demanda Peter.

— Je crois que oui.

Le jeune homme marqua une pause pour écrire :

✔

Mes sentiments influent souvent sur les conséquences de mes choix.

✔

— Pourriez-vous m'en dire davantage sur l'intuition?

— «Intuition» vint du latin *intuitio* qui veut dire «regarder». Au moyen âge, *tuicion* voulait dire «protéger». De nos jours, cela signifie «enseigner».

— Donc mon intuition me protège par des enseignements basés sur mes expériences passées et ce qui en a découlé. Tout cela est très clair. Mais alors, que veut dire ma *meilleure* intuition?

Peter se leva pour lancer un caillou au fond de la ravine.

— Est-ce que vous prenez d'habitude vos décisions avec votre ego ou en faisant appel à un sentiment plus profond?

— Devinez, dit l'élève.

Les deux hommes se mirent à rire.

— Il existe une meilleure façon de procéder que d'agir à partir de son ego, expliqua Peter. En l'utilisant, je n'ai peur ni des autres, ni de moi-même; je suis serein; c'est ainsi que je prends de meilleures décisions. La notion de «meilleure intuition» est une variante personnelle de la carte; je réserve cette «meilleure intuition» pour les décisions importantes. Par cette formule, j'entends une autre sorte d'intuition : celle que je sens être valable après avoir consulté mon «meilleur guide». C'est pour moi une source de plus grande clarté encore que mes propres expériences.

— Et comment se procurer ce «meilleur guide»?

— Eh bien, je peux toujours vous dire comment j'ai eu le mien, mais vous pouvez aussi bien constater qu'il n'a aucune valeur pour vous; vous en déciderez par vous-même.

Si «intuition» vient d'«enseigner», l'intuition est ce que nous avons appris *à partir* de nous-mêmes. Une meilleure intuition émane donc *d'au-delà* de nous-mêmes. Pour arriver à ceci, je fais appel à «une autorité supérieure» et je prête une grande attention aux informations qui viennent à moi.

«De nombreuses personnes pratiquent cette méthode par la prière ou la méditation, se dit le jeune homme. D'autres parviennent au but en communiquant avec la nature ou en faisant simplement une promenade».

— La *manière* de prendre une décision influe certainement sur cette même décision, précisait Peter. «Suis-je en train de prendre ma décision avec crainte ou enthousiasme?», me suis-je souvent demandé et je me suis souvenu que le mot «enthousiasme» venait du grec *entheos* qui veut dire : «Dieu en soi».

— Cela me fait encore penser à une phrase que j'ai lue à propos de la peur : «Toute peur n'est que le sentiment qui nous sépare de Dieu», dit le jeune homme.

— J'ai trouvé cela très vrai, moi aussi. Certaines personnes me demandent comment je peux garder mon calme au milieu de cette frénésie qui agite le monde dans lequel je travaille. Eh bien ,c'est parce que j'ai appris à me servir de mon *intuition* dans mes décisions de tous les jours et de ma *meilleure intuition* pour les plus importantes, particulièrement celles qui concernent ma vie privée.

Alors? qu'allez-vous faire? Avez-vous l'intention de vous servir de votre intuition et peut-être aussi de votre meilleure intuition? Inutile de me répondre; cette décision ne concerne que vous.

Mais dites-moi : vous êtes-vous familiarisé avec le système binaire du corps? Savez-vous qu'il contribue à faire des choix plus éclairés?

— Pas du tout. Comment cela fonctionne-t-il?

— Nous pensons avec notre esprit et nous sentons avec notre corps, commença Peter. Notre esprit peut se trouver dans une certaine confusion; par contre, notre corps s'exprime toujours selon un code binaire très simple : soit «oui» les choses nous procurent un sentiment de bien-être, soit «non», et c'est le contraire. Si, après vous être posé la question d'ordre pratique, la réponse est : «peut-être», c'est qu'il est temps de prêter attention aux sentiments et non de penser uniquement.

Peter cessa de parler. Tous deux restèrent cois tandis que le jeune homme réfléchissait sur ce qui lui semblait recevable dans la manière de prendre sa décision. Il remercia Peter et le quitta pour aller cheminer en silence le long de la gorge. La tête pleine de pensées, il regardait les énormes rochers sur l'autre versant planté d'arbres magnifiques.

Après le déjeuner, il rejoignit Peter et ils marchèrent en silence l'un près de l'autre. Ils étaient venus dans la montagne pour apprécier les joies de la nature et pour s'imprégner d'une expérience nouvelle. Ce ne fut que beaucoup plus tard dans l'après-midi que le jeune homme exprima ses plus vifs remerciements avant de se séparer de son accompagnateur du moment. Peter lui fit un signe de la main en lui criant :

— Je vous souhaite le plus de bien possible.

Assis au pied d'un arbre, le jeune homme écrivit :

Mon intuition : sommaire

Plus je fais appel à mon intuition pour connaître mes sentiments sur la manière dont je prends mes décisions, plus je me mets à l'abri des fautes graves.

Mes sentiments, lors de ma prise de décision, interfèrent souvent dans les résultats.

Je ne prends pas de décision basée sur la peur, car la peur ne donne jamais de bons résultats.

Je peux prendre une bien meilleure décision quand je me laisse guider, non pas par mon ego, mais par une «autorité supérieure».

Est-ce que je me sens tendu ou serein? Clairvoyant ou confus? Épuisé ou plein d'énergie? Égocentrique ou ouvert? Que déciderais-je si je n'avais pas peur?

Cette décision me semble-t-elle vraiment facile? Aussi facile que de reconnaître ma couleur favorite, de rencontrer un ami ou de faire une promenade?

Si elle ne me semble pas facile à prendre, c'est que je dois probablement changer de décision. Est-ce que je me fie à mon intuition?

Je consulte mon cœur en me posant la question d'ordre privé :

Est-ce que ma décision montre que je suis honnête envers moi-même, que je fais confiance à mon intuition et que je mérite mieux?

OUI____ ou NON____

✓

Ma perspicacité

Dimanche, lever du soleil

C'était dimanche, dernier jour de la randonnée et le jeune homme attendit la fin du rassemblement au lever du soleil au sommet de la montagne pour aller parler à la personne qu'il admirait le plus.

Nigel «Wings» Macleod était un grand Australien roux à l'allure élancée, fondateur et président d'une importante compagnie aérienne. D'un abord facile, on l'appelait par son vieux surnom : Wings. Pour une raison ou une autre, tout le monde gravitait autour le lui et le jeune homme ne fit pas exception.

En fait, ce dernier avait le sentiment que Wings savait des choses que la plupart des gens ignoraient et il était bien résolu à en apprendre le plus possible. Une fois que Wings eut accédé à sa requête, le jeune homme se mit à lui parler de ce qui n'avait cessé de le tourmenter durant toute la randonnée.

— Quelquefois, dit-il, je sens bien que je prends une mauvaise décision, mais je fais semblant de ne pas m'en soucier; je continue dans la même voie et persiste à mettre ma décision à exécution.

— Vous voulez me parler de ce que peu de gens

osent dirent, n'est-ce pas? dit Wings en riant.

Le jeune homme semblait prêt à amorcer un repli sur lui-même, quand l'homme le rassura :

— Ne vous inquiétez pas. Je serai heureux de vous apprendre pourquoi vous prenez de mauvaises décisions même si vous en connaissez de meilleures. Cependant, il faut vous préparer à bouleverser complètement vos sentiments afin de partir à la découverte de vous-même.

— J'y suis prêt, convint le jeune homme. Je me suis demandé : «*Est-ce que ma décision montre que je suis honnête envers moi-même, que je fais confiance à mon intuition et que je mérite mieux?*» et je me rends compte que ce que je fais à quelque chose à voir avec la dernière partie de la question, n'est-ce pas?

— Cette dernière partie est en effet capitale, dit Wings. Vous m'avez dit qu'il vous arrive de faire des choses qui amoindrissent votre réussite; ce qui signifie que, comme bien des gens, vous devez vous défaire d'une croyance cachée au fond de vous et qui vous dit que vous ne méritez pas mieux.

— Mais... commença l'élève.

— Je sais. Vous voulez intervenir pour me dire que vous pensez mériter effectivement mieux. Mais je ne vous parle pas de ce que vous pensez; je fais allusion à ce que vous ressentez, ce que vous ressentez *réellement*.

Si vous voulez vraiment connaître ce à quoi vous croyez, examinez vos décisions, en particulier les plus courantes. Cette partie de nous-mêmes concernant «je mérite mieux» est celle que notre esprit capte le moins bien. C'est donc à notre cœur qu'il faut faire appel afin d'en vérifier la véracité car c'est cette perception qui nous permet de prendre de meilleures décisions. Il ne nous reste plus, alors, qu'à surveiller nos actes.

Le jeune homme était loin de s'attendre à pareil

argument.

— Pourriez-vous me donner un exemple? demanda-t-il.

— Bien sûr. Dites-moi : avec quelle fréquence optez-vous pour de mauvaises décisions simplement à cause du fait que vous ne prenez pas le temps d'obtenir l'information dont vous n'ignorez pourtant pas avoir besoin?

— Pas moi! Jamais! s'exclama le jeune homme avec une grimace qui disait clairement le contraire et qui ne manqua pas de faire sourire Wings.

«C'est agréable de constater que ce jeune homme peut rire de ses erreurs», se dit-il.

— Ainsi, vous, brillant jeune homme qui sait parfaitement au fond de son cœur qu'il est plus avisé de détenir l'information nécessaire, vous choisissez d'ignorer les faits. Trouvez-vous cela normal?

— Eh bien, je ne dirais pas que je choisis de les ignorer; je les ignore, c'est tout.

— Pourquoi feriez-vous en toute conscience ce que vous *savez* ne pas entrer dans la ligne de vos propres intérêts?

Le jeune homme ne trouva rien à répondre.

— Pour trouver la bonne réponse, poursuivit Wings, jetez un coup d'œil à votre vie. Limitez-vous vos actions afin de ne pas obtenir davantage de succès que ce qu'inconsciemment vous pensez mériter pour vous sentir à l'aise? Je veux dire par là : vous limitez-vous dans vos aspirations sans chercher à aller plus loin? Y aurait-il une borne dans votre cœur vous indiquant la limite à ne pas dépasser, comme la cale sous l'accélérateur de la voiture de location qui empêche son conducteur de dépasser la vitesse autorisée? Peu importe que la pédale soit dure ou non, y a-t-il une limite à votre succès?

Quelles sont les convictions dont vous n'avez pas conscience et qui barrent le chemin de vos actions? N'est-il pas convenable de prendre toujours de bonnes décisions? À moins que vous ne craigniez que cette succession de réussites ne vous entraîne trop loin sur le chemin du succès et du bonheur?

Quand bien même vous penseriez que c'est illogique, se pourrait-il que vous pensiez ne pas mériter mieux? Se pourrait-il aussi que vos décisions ne soient que le reflet de convictions destructrices dont vous n'êtes pas conscient?

Posez-vous la question : «Ma décision prouve-t-elle vraiment ma conviction de mériter toujours mieux?»

C'était vraiment trop demander au jeune homme qui décida, pour le moment, de ne pas penser à toutes ces questions. Au bout d'un moment, il s'enquit :

— Qu'entendez-vous par «conviction de mériter»?

— Notre ami Peter Golden m'a dit que «mérite» vient du latin *meritum*, «gain». Mais combien d'entre nous ont-ils un réel souci de ce «gain»? Et que faisons-nous à la place? Nous pouvons penser vouloir gagner plus, mais sans y croire vraiment. Nous résistons à la vérité comme le marlin d'Australie au bout de la ligne du pêcheur, car la plupart d'entre nous sommes persuadés que nous ne méritons pas mieux.

Pour nous rendre compte à quel point c'est vrai, il suffit de nous pencher sur nos propres décisions, comme celle de ne pas prendre d'informations sachant très bien qu'elles nous sont nécessaires.

La clé d'une prise constante de bonne décision, c'est de choisir de penser de façon consciente que l'on mérite toujours mieux et d'agir en conséquence.

Wings se leva et, avant de partir, ajouta :

— Vous avez sans doute besoin d'y réfléchir, ou

mieux, de tenter de sentir cette vérité.

Le jeune homme se mit à songer à tout ce qu'on venait de lui dire. Il appréciait soudain le fait de se retrouver seul avec ses pensées car il avait compris que la question de savoir ce qu'il croyait mériter était la plus intime de toutes. Il sortit son carnet et y inscrivit une importante note sur laquelle il se promit de réfléchir plus longuement.

✔

Nous obtenons souvent les résultats que,
sans le savoir,
nous croyons mériter.

✔

Plus tard, Wings revint voir le jeune homme pour lui demander :

— Avez-vous examiné vos décisions passées , ainsi que vos convictions?

— J'ai à peine commencé à apprécier les questions du cœur que vous m'avez posées.

— En regardant le schéma de vos décisions passées, que remarquez-vous sur ce que vous pensiez mériter?

Afin de donner au jeune homme un peu plus de temps de réflexion, Wings ajouta :

— Souvenez-vous que par «convictions» j'entends bien plus que pensées; car tout le monde pense mériter mieux; mais qui en est profondément convaincu? Vos actes démontrent-ils que vous méritez mieux dans tous les domaines, dans votre vie professionnelle comme dans votre vie privée? Si ce n'est pas le cas, pourquoi?

Serait-il possible que le monde où nous avons grandi nous ait conduit à la négation du meilleur de nous-mêmes? «Meilleur que quoi?» pourraient se demander les uns. «Meilleur que les autres?» Une personne éclairée pourrait se dire : «Pourquoi mériterais-je plus que mon voisin?»

Cependant toutes ces questions ignorent un facteur important : il n'est pas question d'être meilleur que son prochain; il est seulement question d'être meilleur dans ce que l'on réalise pour *soi-même*, et cela, *chacun d'entre nous* le mérite.

— Je dois reconnaître, admit le jeune homme, que quelquefois j'agis sans trop savoir si je pense mériter mieux ou pas.

— N'en soyez pas triste, moi aussi j'ai commis ce genre d'erreur quand j'étais jeune. N'avez-vous jamais entendu quand vous étiez enfant des propos du genre :

«Qui t'a permis...», «Ne penses-tu pas que...»

— «Tu es encore...», compléta le jeune homme.

Ils éclatèrent de rire.

— Je vois que toutes les générations se ressemblent, dit Wings. Et comment vous sentiez-vous en entendant ces paroles?

— Tout petit, ricana l'élève.

— Moi aussi. Nous pouvons bien en rire, mais c'est un sentiment que nous gardons en nous longtemps. C'est peut-être la raison pour laquelle de nombreuses personnes semblent s'accrocher à une croyance profondément ancrée en eux qui leur fait nier le fait, par-devers eux, qu'ils peuvent mériter mieux. «Qui pensent-ils être pour mériter davantage?», se disent-ils.

Les gens en font l'expérience de différentes façons. Certains connaissent la réussite dans leur travail mais pas dans leur foyer ou vice-versa, comme si une double réussite serait trop pour eux. Certains portent en eux cette conviction durant quelques années, d'autres durant toute leur vie car ils refusent d'admettre son existence.

— Pourquoi faisons-nous cela?

— Je ne le sais pas vraiment. Tout ce que je sais, c'est que je me sens plus à l'aise lorsque j'examine la décision que j'ai à prendre et que je me pose la question : *«Est-ce que ma décision montre que je suis honnête envers moi-même, que je fais confiance à mon intuition et que je mérite mieux?»*

Si ma réponse est «non», je change d'abord de décision et ensuite de ligne de conduite. J'ai mis sur pied une compagnie aérienne prospère grâce à l'aide d'autres personnes et en nous encourageant les uns les autres à agir selon la conviction que nous méritions toujours mieux.

Le jeune homme comprit que Wings faisait allusion, non seulement à quoi il avait cru, mais aussi à ce qu'il *avait fait*, tout en aidant les autres à en faire autant. Il se posa donc en secret la question :

«Qu'est-ce je pense et qu'est-ce que je fais? Avant de prendre une décision, est-ce que je me pose des questions valables? Suis-je concentré sur mes besoins réels plutôt que sur mes désirs? Ai-je eu accès à toutes les informations et suis-je averti de toutes les options possibles? Est-ce que je prends mes décisions en vue de meilleurs résultats? Ou, au contraire, est-ce que je pense que je ne mérite pas mieux et est-ce que je me saborde moi-même en ne me disant pas la vérité? Ou en ne ne fiant pas à mon intuition? Ou encore en étant persuadé que je n'ai pas les aptitudes, l'éducation ou les relations nécessaires pour mieux faire?»

Alors que le jeune homme était plein de ses pensées, Wings lui souffla doucement :

— Nous ne nous permettons jamais d'obtenir plus que ce que nous pensons mériter. Lorsque vous conduisez votre voiture, appuyez-vous sur le frein en même temps que l'accélérateur?

— Que voulez-vous dire?

— Ce que je veux dire c'est : Ralentissez-vous sous prétexte que vous pensez mériter de simplement survivre plutôt que de prospérer? Ne répondez pas, dites-le à vous-même.

À nouveau, le jeune homme aurait aimé éviter la conversation, échapper à son propre malaise. Il se demanda : «En quoi est-ce que je crois *vraiment*?» et il y pensa un instant.

— Puis-je vous demander quelque chose? dit-il.

— Pourquoi vous arrêteriez-vous en si bon chemin! s'exclama l'Australien.

— Que dois-je faire si je réalise que je pense

vraiment ne pas mériter davantage?

— Ça, c'est la grande question, dit Wings. Posez-vous donc celle-ci : «Si je pensais mériter davantage, que ferais-je?»

Il n'est pas nécessaire d'attendre de ressentir ce que vous avez au fond du cœur; ce qu'il faut, c'est faire comme si vous pensiez mériter mieux; car lorsque vos actes sont meilleurs, les résultats sont meilleurs aussi. Souvenez-vous que les décisions ne se réalisent que lorsque vous les mettez en application. Et *au bon moment*.

Vous pouvez par exemple vous demander : «Est-ce que je crois suffisamment en ma décision pour la mettre *bientôt* à exécution?»

C'est alors que les autres randonneurs vinrent les rejoindre. Ils passèrent une heure, assis sur le sommet de la montagne, à regarder le magnifique panorama, à bavarder, à réfléchir et à s'apprécier mutuellement. Tout le monde avait aimé cette randonnée. Lorsque le calme revint, le jeune homme remercia chaleureusement Wings et s'éclipsa pour prendre quelques notes qu'il jugeait importantes. Avant d'aller rejoindre le guide en compagnie duquel il voulait faire le chemin du retour, il voulut se souvenir de ses impressions sur ses convictions le concernant et de la manière dont elles allaient influer sur ses décisions.

Ma perspicacité : sommaire

Mes décisions sont affectées par mes convictions, particulièrement en ce qui concerne mes mérites.

Pour découvrir ce que je crois réellement, j'examine attentivement ce que je _fais_ le plus souvent.

Je peux _penser_ mériter mieux, mais mes actes me montrent parfois que je n'y _crois_ pas vraiment.

La solution pour prendre les meilleures décisions de manière constante, c'est de choisir de croire que je mérite mieux et d'agir selon cette croyance.

Ai-je examiné soigneusement mes décisions et mes actes passés afin de découvrir ce que je crois _réellement_ mériter? Puis-je voir comment mes décisions reflètent mes convictions? Est-ce que je crois suffisamment en ma décision pour la mettre en application bientôt? Que déciderais-je de faire maintenant si j'étais réellement persuadé de mériter mieux?

Je consulte mon cœur pour me poser une question d'ordre privé :

Est-ce que ma décision montre que je suis honnête envers moi-même, que je fais confiance à mon intuition et que je mérite mieux?

OUI___ ou NON___

✓

Une révision

Dimanche matin, sur le chemin du retour

Alors que les randonneurs redescendaient de la montagne, le jeune homme cheminait en compagnie du guide en repassant tous les enseignements qu'il avait acquis durant ces derniers jours.

— Que voyez-vous en regardant en arrière, depuis le moment où ce périple a commencé? demanda le maître.

— Je constate que la façon dont je suis arrivé à la randonnée, vendredi, n'est pas bien différente de la façon dont je prends généralement mes décisions. Je ne réalisais pas que je prenais la mauvaise direction car je ne possédais pas l'information qui m'aurait mis sur la bonne voie. Je ne m'étais pas informé de toutes les options et lorsque j'ai décidé de prendre la route sans itinéraire, je n'avais pas pensé à fond à la décision que je venais de prendre. Je me rends compte maintenant que je me fourvoyais. J'ai pourtant senti que j'aurais dû faire demi-tour pour prendre ma carte mais j'ai fait abstraction de mes sentiments profonds. Peut-être qu'à un certain niveau, je pensais ne pas mériter de meilleur résultat que celui de me perdre car j'avais déjà commis ce genre d'erreur sans en avoir tiré le moindre enseignement.

— Et comment vous sentez-vous maintenant?

— Je me sens plus éveillé, répondit le jeune homme avec un sourire. J'ai moi-même élaboré ma propre version de la carte avec questions et réponses et désormais elle ne me quittera plus.

— Vous n'ignorez pas, bien sûr, que la clé consiste à faire davantage que de l'avoir sur vous. Il faudra la lire et l'utiliser souvent; c'est de cette façon que vous prendrez de meilleures décisions.

— Je vais vous dire ce qui m'est arrivé durant ce séjour.

— Quoi donc?

— Eh bien, j'ai fait ce que vous m'avez suggéré, à savoir procéder à une introspection et noter ma décision initiale. Ensuite, je me suis posé les deux questions.

Tout d'abord je me suis demandé : «*Vais-je au-devant de mes besoins réels? Suis-je informé de toutes les options? Vais-je au bout de ma réflexion?*» J'ai commencé par répondre spontanément «oui» à cette question parce que je le pensais réellement.

Ensuite, je me suis demandé : «*Est-ce que ma décision montre que je suis honnête envers moi-même, que je fais confiance à mon intuition et que je mérite mieux?*» et c'est là que je me suis rendu compte que je me trompais complètement.

Je suis heureux que vous m'ayez encouragé à la patience car, après m'être posé la question d'ordre privé, je me suis aperçu qu'en me reposant la question d'ordre pratique, je pouvais prendre une bien meilleure décision. Maintenant, je vois les choses différemment, beaucoup plus clairement, en fait.

— Et qu'avez-vous vu?

— D'abord, j'ai constaté que je poursuivais la réalisation de mes désirs et non de mes besoins; ensuite que je n'avais pas rassemblé toutes les informations qui m'étaient nécessaires et pour finir, que, non seulement je n'avais pas pensé à mes décisions jusqu'au bout, mais qu'en plus, mes pensées n'étaient pas orientées vers les résultats espérés.

Comme je le disais, me poser la question d'ordre privé - celle du cœur - m'a permis de faire un retour en arrière et de me servir honnêtement de ma tête et de mon cœur pour prendre une bien meilleure décision. Je viens juste d'écrire cette décision, il y a quelques minutes, sur ma feuille récapitulative et je l'ai comparée avec la décision initiale que j'aurais probablement prise si je n'étais pas venu à la randonnée, et elle est bien *meilleure!* J'ai effectivement pris une décision bien supérieure.

J'ai l'intention, dans les jours qui viennent, de me poser encore les deux questions afin de voir si je peux éventuellement trouver une solution encore meilleure. Cependant, comme vous l'avez si bien dit, c'est déjà avoir fait un grand pas que d'avoir simplement trouvé une meilleure décision.

— Vous en avez appris beaucoup, dit le guide avec un sourire. Vous vous en tirerez très bien, j'en suis sûr.

— Oui. Je suis également très heureux que vous m'ayez incité à discuter avec les autres randonneurs et aussi à les écouter. Et, alors que j'élaborais ma propre carte, ils m'ont aidé à découvrir par moi-même ce que j'avais à apprendre.

— Lorsque vous serez livré à vous-même, vous souviendrez-vous de vous poser les questions en vous servant de votre tête et de votre cœur avant de prendre une décision?

— Je l'espère bien, je me poserai ces questions aussi souvent que ce sera nécessaire.

Le jeune se confondit en remerciements avant

d'aller exprimer sa gratitude aux autres membres du groupe. Mais il se ravisa, car il venait de remarquer l'air songeur des randonneurs; il se dit que, eux aussi, devaient probablement reconsidérer leurs décisions.

Lorsqu'ils eurent atteint leur point de départ, les premiers attendirent que le groupe se fût reformé. Ceci fait, le jeune remercia chacun. Certains lui serrèrent la main, d'autres lui donnèrent l'accolade. Il régnait un climat de grande fraternité.

— Comment vous remercier tous? demanda-t-il.

— C'est très facile, dit Ingrid. Servez-vous de vos connaissances et faites-en profiter votre entourage.

Il promit solennellement. Plus tard, ils allaient devenir des amis.

Comme il marchait seul sur le sentier au pied de la montagne en direction de sa voiture, le jeune homme revit tout ce qu'il avait appris et pensa à la manière de le mettre en pratique chaque jour.

Il prendrait le temps de se poser les deux questions avant de prendre une décision d'importance.

Plus tard, de retour à son bureau, il simplifia sa carte, la dactylographia et la réduisit ensuite au format d'une carte de crédit, ainsi, il pourrait la mettre dans son portefeuille et *s'en servir* régulièrement.

✓

La carte

Pour une meilleure décision

«OUI» ✓u «NON»

La carte pour une meilleure décision

---

*J'évite l'indécision ou les demi-décisions
basées sur des demi-vérités*

*Je mets en pratique les <u>deux</u> parties d'un
principe fiable pour prendre de meilleures décisions
d'une manière constante :
une tête froide et un cœur ouvert.*

JE ME SERS DE MA TÊTE

en me posant une question d'ordre pratique
<u>ET</u>
JE CONSULTE MON CŒUR

en me posant une question d'ordre privé

*Ensuite, j'écoute les autres et moi-même,
je prends la meilleure décision
et j'agis en conséquence.*

---

*Pour me servir de ma tête, je me pose
une question d'ordre pratique :*

*VAIS-JE AU-DEVANT DE MES BESOINS RÉELS,
SUIS-JE INFORMÉ DE TOUTES LES OPTIONS?
VAIS-JE AU BOUT DE MA RÉFLEXION?
«OUI»____ OU «NON»____*

Est-ce un simple désir ou un besoin réel?
Quelles sont les informations nécessaires?
Ai-je envisagé d'autres options? Si je fais
ceci ou cela, que va-t-il se passer?
Et ensuite?

*Pour consulter mon cœur, je me pose
une question d'ordre privé :*

*EST-CE QUE MA DÉCISION MONTRE QUE JE SUIS
HONNÊTE ENVERS MOI-MÊME, QUE JE FAIS
CONFIANCE À MON INTUITION ET QUE JE MÉRITE
MIEUX?
«OUI»____ OU «NON»____*

Suis-je en train de me dire la vérité?
Ai-je l'impression d'être dans le vrai?
Que déciderais-je si je n'étais pas effrayé?
Que ferais-je si je méritais mieux?

*SI C'EST «OUI», JE LE FAIS.
SI C'EST «NON», J'Y REPENSE.*

QUELLE EST MA MEILLEURE DÉCISION?

✓
La pratique

Quatre mois plus tard

Plusieurs mois plus tard, le jeune randonneur réalisa qu'il n'était plus un jeune homme car il avait acquis la maturité qui faisait de lui un homme accompli. Alors qu'il s'installait derrière son bureau, il réalisa qu'il avait pris la résolution de faire de meilleurs choix dans son travail et sa vie personnelle. Pour ce faire, il avait toujours gardé sur lui la carte et s'en était servi chaque fois qu'il avait dû prendre une décision sérieuse.

Son entourage avait bientôt constaté le changement. Il avait l'air plus confiant en ses possibilités et il semblait plus résolu. Sereinement, il posa autour de lui de nombreuses questions dont il enregistra soigneusement les réponses.

Nombreux furent ceux qui lui demandèrent ce qui s'était passé, et quand il eut expliqué le principe du «oui» ou «non», on voulut en savoir plus.

Il fit part de ses notes aux personnes vraiment intéressées et les encouragea à faire leur propre carte. À son tour, il se servait du système et montrait aux autres comment s'en servir.

Pour l'instant, assis derrière son bureau, il attendait l'arrivée de quelques collègues de travail. Lorsque tout le monde fut réuni, il demanda :

— Seriez-vous d'accord pour que nous nous retrouvions une fois par semaine afin d'examiner ensemble la possibilité de prendre de meilleures décisions? Durant la semaine, chacun de nous pourrait se servir des deux questions pour nos décisions communes. Nous pourrions ensuite les revoir ensemble tous les jeudis à dix heures. Nous pourrions ainsi trouver ensemble le moyen d'améliorer nos décisions. Pensez-vous que cela vous conviendrait?

— Oui! s'exclama une de ses collègues qui ajouta : Je suis d'accord parce que j'oublie toujours de m'en servir, même en sachant qu'elles me sont utiles. Si j'avais su plus tôt que nous allions nous réunir, je me serais astreinte à me poser ces questions et cela m'aurait permis de prendre de meilleures décisions.

Les autres manifestèrent leur assentiment en opinant de la tête.

La semaine suivante, ils tinrent leur première réunion qui commença par la question de base : «*Allons-nous au-devant de nos besoins réels? Sommes-nous informés de toutes les options? Allons-nous au bout de notre réflexion?*»

Après quelques assemblées, pratiquement tout le monde arriva mieux préparé car chacun savait maintenant qu'ils allaient discuter de ce qu'ils voulaient faire et de la façon dont ils avaient découvert leurs besoins réels.

Ils se demandèrent mutuellement de décrire les résultats recherchés, et chacun le fit avec tant de clarté que tous pouvaient en voir les effets comme si tout s'était déjà réalisé.

Chacun exposa le pour et le contre d'au moins trois options et pourquoi il avait choisi celle qui semblait aller au-devant de ses besoins réels.

Ils se demandèrent aussi : «Qu'arrivera-t-il?» et ils décrivirent ce à quoi ils s'attendaient, étape par étape, avec les délais qu'ils s'étaient impartis, jusqu'au moment où ils eurent atteint les résultats recherchés.

Au début, ils éprouvèrent des difficultés à se poser la question d'ordre privé à haute voix, aussi, se la posèrent-ils dans leur for intérieur.

Avec le temps, de plus en plus de personnes eurent une approche éclairée, mais aussi le cœur ouvert. C'est sur un ton de plaisanterie qu'elles demandaient : «Sommes-nous entrain de nous dire *la vérité*?» ou bien «Avons-nous le *sentiment* d'être dans le vrai?» ou encore «Que déciderions-nous si nous étions fermement persuadés de mériter mieux?»

Ils appréciaient le fait d'être ensemble car ils riaient souvent; mais chacun d'entre eux étudiait attentivement ses pensées et ses sentiments et c'est ainsi que les décisions du groupe s'améliorèrent. Ensemble, ils prenaient de bien meilleures décisions que n'importe lequel d'entre eux aurait pu le faire séparément.

Grâce à leur clarté et leur esprit de coopération, ils avaient écarté la faiblesse et la médiocrité des compromis qu'on retrouvait généralement au sein de groupes de travail. Très vite, ils comprirent que les décisions venaient d'eux seuls et que la présence de l'initiateur ne servait qu'à les guider.

Après que la nouvelle de ces réunions de «oui» ou «non» se fut répandue, les gens en vinrent à remarquer que ceux qui y participaient étaient plus libres dans leurs décisions; qu'ils obtenaient de meilleurs résultats et des promotions. Peu de temps après, les plus sceptiques demandèrent à faire partie du groupe. C'est ainsi que de nombreux services au sein de la même société eurent chaque semaine leurs propres sessions de «oui» ou «non».

Certains se plaignirent de la courte durée de ces réunions, mais, dans un but d'efficacité, ils apprirent très vite à préparer leurs questions et les assemblées ne durèrent jamais plus d'une heure. Sachant qu'ils n'avaient à discuter que de leurs décisions et de la manière dont ils les prenaient, ils prirent l'habitude de se poser régulièrement les deux questions au cours de la semaine.

Au fil des années, l'organisation ainsi que les personnes qui en faisaient partie prospérèrent. L'équipe sous la direction de l'initiateur se composait de personnes de décision et, après ce constat, il se souvint comment il avait atteint ces résultats.

✓

Le guide personnel

Deux ans plus tard

Assis dans un coin de son nouveau bureau, l'homme repensait au chemin qu'il avait parcouru. Il était moins naïf et beaucoup plus conscient de ce qui se passait en lui et autour de lui.

Le guide, et les autres randonneurs avec lui, avait dit : «Celui qui est notre conseiller à l'intérieur de chacun d'entre nous nous est donné pour nous révéler notre propre potentiel. Car ce conseiller, c'est nous-même.»

L'homme sourit. En fait le défi consistait à dire «oui» à la réalité et «non» aux illusions. Il allait continuer à se servir de sa tête pour se poser des questions tangibles et de son cœur pour trouver de meilleures réponses. Il allait maintenir sa concentration sur les besoins réels, rassembler lui-même les informations et vérifier toujours lui-même celles dont il avait besoin de manière à toujours connaître les options qui lui étaient offertes. Il irait au bout de sa réflexion pour chacune d'elles et obtiendrait ainsi de meilleurs résultats.

Il avait depuis longtemps compris qu'il pourrait toujours aisément faire la différence entre la réalité et l'utopie en se disant toujours la vérité, en se fiant à son intuition et en agissant avec la conviction qu'il méritait toujours mieux.

Ce qui lui était apparu compliqué demeurait complexe; mais il était maintenant clair qu'en se servant d'une meilleure méthode, il prenait de meilleures décisions. Il se sentait heureux d'avoir appris, en plus de se poser des questions, à *s'en servir* régulièrement. Il se sentait un homme neuf et appréciait pleinement une prospérité et une sérénité qu'il n'avait jamais connues auparavant.

L'homme se leva et se mit à marcher de long en large dans son bureau. Il avait organisé une rencontre privée avec son guide qu'il n'avait pas revu depuis sa *Randonnée* dans la montagne.

Il gardait de cette escalade un souvenir inoubliable car elle lui avait fait découvrir le meilleur de lui-même. Il se sentait plus rassuré que jamais sur son avenir. Depuis qu'il avait introduit le système de «oui» ou «non» dans sa société, il avait pu constater les améliorations morales et matérielles que la méthode avait engendrées.

— J'ai entendu dire de grandes choses sur vous et votre société, dit le guide en entrant dans le bureau.

— Je vous remercie. Vous souvenez-vous de ce que vous m'avez dit? «Le système fonctionne mieux lorsqu'on *s'en sert*». Eh bien nous nous en servons, ici. Les gens qui ont pris l'habitude de faire usage de leurs têtes et de leurs cœurs pour trouver de meilleures réponses, obtiennent de meilleurs résultats. Plus ils utilisent le système et mieux ils réussissent; ainsi va notre société.

— Que diriez-vous de vous associer à moi pour en faire profiter d'autres organisations? demanda le guide.

— Très volontiers. Je serai heureux de vous aider.
Ainsi, ils s'entendirent pour travailler ensemble au

développement de meilleures méthodes dans l'application du système et d'en faire profiter plus de gens. Ils discutèrent de différentes idées, notamment de faire connaître le «oui» ou «non» aux clients de la société et même aux clients potentiels afin de les aider à prendre de meilleures décisions, en faveur de leurs compagnies espéraient-ils.

Après avoir ménagé un prochain rendez-vous, ils se serrèrent la main et le guide s'en alla.

L'homme était maintenant seul avec ses pensées.

Il aurait aimé s'initier plus tôt à prendre de meilleures décisions, car les choses auraient été différentes. Il était heureux d'avoir commencé à travailler avec son groupe à la diffusion de la méthode dans les écoles du voisinage; les enfants pourraient ainsi apprendre à s'en servir très tôt. «Plus on apprend jeune à prendre de bonnes décisions, plus vite on obtient de meilleurs résultats». Si les gens apprenaient à prendre de bonnes décisions au travail et en privé, tout le monde, dans nos familles, nos lieux de travail, nos communautés, en profiterait.

Cependant, aussi utile qu'il ait pu se montrer au travail et au sein de sa communauté, sa plus grande joie émanait de son foyer. Toute sa famille avait appris la méthode de la question pratique et de la question privée et chacun s'en trouvait plus heureux.

Il regarda un presse-papier de bronze qui se trouvait sur son bureau, dont la gravure affichait les deux questions qui lui permettaient de garder la tête froide et le cœur ouvert quand il devait prendre une décision. Il sourit en se rappelant ce que lui avait dit le guide : «Le système fonctionne quand vous le mettez en pratique».

Il était heureux. Maintenant, il utilisait un système fiable qui lui permettait de dire «oui» à ce qui convenait et «non» à ce qui n'allait pas. Il savait qu'en prenant en permanence de meilleures décisions, il améliorait chaque jour un peu plus sa vie.

✔

Nous sommes nous-mêmes les guides
de nos meilleures décisions.

Et nous pouvons aider les autres
à le découvrir aussi.

✔

FN

✔

La carte

Pour une meilleure décision

«OUI» ✔u «NON»

La carte pour une meilleure décision

J'évite l'indécision ou les demi-décisions
basées sur des demi-vérités

Je mets en pratique les <u>deux</u> parties d'un
principe fiable pour prendre de meilleures décisions
d'une manière constante :
une tête froide et un cœur ouvert.

JE ME SERS DE MA TÊTE
en me posant une question d'ordre pratique
<u>*ET*</u>
JE CONSULTE MON CŒUR
en me posant une question d'ordre privé

Ensuite, j'écoute les autres et moi-même,
je prends la meilleure décision
et j'agis en conséquence.

*Pour me servir de ma tête, je me pose
une question d'ordre pratique :*

*VAIS-JE AU-DEVANT DE MES BESOINS RÉELS,
SUIS-JE INFORMÉ DE TOUTES LES OPTIONS?
VAIS-JE AU BOUT DE MA RÉFLEXION?*
«OUI»____ OU «NON»____

Est-ce un simple désir ou un besoin réel?
Quelles sont les informations nécessaires?
Ai-je envisagé d'autres options? Si je fais
ceci ou cela, que va-t-il se passer?
Et ensuite?

*Pour consulter mon cœur, je me pose
une question d'ordre privé :*

*EST-CE QUE MA DÉCISION MONTRE QUE JE SUIS
HONNÊTE ENVERS MOI-MÊME, QUE JE FAIS
CONFIANCE À MON INTUITION ET QUE JE MÉRITE
MIEUX?*
«OUI»____ OU «NON»____

Suis-je en train de me dire la vérité?
Ai-je l'impression d'être dans le vrai?
Que déciderais-je si je n'étais pas effrayé?
Que ferais-je si je méritais mieux?

*SI C'EST «OUI», JE LE FAIS.
SI C'EST «NON», J'Y REPENSE.*

QUELLE EST MA MEILLEURE DÉCISION?